Carl Ernst Poeschel Verlag in den Jahren 1902 – 1952

Reprint der Jubiläumsausgabe

50 Jahre Carl Ernst Poeschel Verlag

Die Signets des C.E.Poeschel Verlags
im Laufe der Verlagsgeschichte

50 JAHRE
C. E. Poeschel Verlag

1902 — 1952

Gedruckt auf chlorfrei gebleichtem, säurefreiem und
alterungsbeständigem Papier

ISBN 3-7910-1495-1

Dieses Werk einschließlich aller seiner Teile ist urheberrechtlich geschützt.
Jede Verwertung außerhalb der engen Grenzen des Urheberrechtsgesetzes
ist ohne Zustimmung des Verlages unzulässig und strafbar. Das gilt
insbesondere für Vervielfältigungen, Übersetzungen, Mikroverfilmungen und
die Einspeicherung und Verarbeitung in elektronischen Systemen.

© 1999 Schäffer-Poeschel Verlag für Wirtschaft · Steuern · Recht GmbH & Co.KG
Satz: A & M dtp, Stuttgart
Druck: Franz Spiegel Buch GmbH, Ulm
Printed in Germany

Schäffer-Poeschel Verlag Stuttgart
Ein Tochterunternehmen der Verlagsgruppe Handelsblatt

Vorwort zum Nachdruck im Jahr 1998

Warum lassen wir eine bald schon 50 Jahre alte Jubiläumsschrift über den C. E. Poeschel Verlag noch einmal drucken und binden?

Nun, dafür gibt es zwei gute Gründe. Zum einen sind wir, eine Verlagsbelegschaft mit zur Zeit fast konkurrenzlos niedrigem Durchschnittsalter, reichlich stolz auf die Tradition des Verlags, für den wir arbeiten. Auf Seite 28 dieses Buches kann man es – aus der Feder von Kurt Schmaltz – nachlesen: „Der C. E. Poeschel Verlag ist einer der wenigen betriebswirtschaftlichen Verlage, die das Werden der Betriebswirtschaftslehre fast von ihren Anfängen an bis in die Gegenwart begleitet haben." Das verleiht uns heute, nicht mehr allzu weit entfernt vom hundertjährigen Verlagsbestehen, eine „Alleinstellung", die wir nicht verschweigen wollen!

Und andererseits glaube ich, daß alle, die mit Herz und Seele Betriebswirte sind, ihren Nutzen aus dem Büchlein ziehen werden. Noch einmal Kurt Schmaltz: „Die Verbindung zwischen Betriebswirtschaftslehre und Poeschel Verlag war und ist so intensiv, daß man an Hand der seit 1902 veröffentlichten Werke und Schriften den Werdegang dieses Faches schildern könnte, dessen Entwicklung mit der Gründung der Handelshochschule Leipzig im Jahre 1908 begann." Den *Versuch eines systematischen Verzeichnisses der wichtigsten Veröffentlichungen 1902 - 1952* auf den Seiten 58 bis 70 könnte man deshalb, für die erste Hälfte dieses Jahrhunderts, auch als *Kurze Geschichte der betriebswirtschaftlichen Forschungsgebiete* bezeichnen. Wobei sich an einem Großteil der Themen bis heute nichts geändert hat ...

Aber auch die klangvollen Namen und Buchtitel im *Versuch eines systematischen Verzeichnisses* signalisieren eine bemerkenswerte Kontinuität. Einige der wichtigsten Aushängeschilder des heutigen Schäffer-Poeschel Verlags sind ursprünglich in den ersten Jahrzehnten dieses Jahrhunderts entstanden: *Das Handwörterbuch der Betriebswirtschaft* (1. Auflage 1926/29), der *Adler/Düring/Schmaltz* (1. Auflage 1938) oder die *Betriebswirtschaftlichen Abhandlungen*. Die erste Auflage des *Obst/Hintner* erschien sogar schon 1897 - zur Zeit wird an der 40. Auflage gearbeitet.

Und selbst die damaligen Nöte des Verlegers, die an einigen Stellen benannt werden, kommen mir heute eigentümlich bekannt vor. Ein letztes Mal möchte ich Kurt Schmaltz zu Wort kommen zu lassen - mit einer auf die 1908 gegründete Zeitschrift *Die Be-*

triebswirtschaft (DBW) gemünzten Bemerkung: „Von den bekannten wissenschaftlichen Zeitschriften, die zwischen den beiden Weltkriegen am Markt waren, hat sich keine auf Dauer allein getragen. Einige mußten sogar nach kurzer Zeit ihr Erscheinen einstellen. Und heute ist es nicht anders, wenn nicht ein Verband oder eine Organisation als fester Abnehmerkreis dahinter steht." Wie wahr! Blicken wir allein auf Kosten und Erlöse, so dürften wir die (ohne Verband dastehende) *DBW* und viele andere wissenschaftliche Fachpublikationen gar nicht erscheinen lassen.

Ich wünsche mir, daß Sie beim Rückblick in die Geschichte des Verlags – und hoffentlich beim Wiedererkennen alter Bekannter in Ihrem Bücherregal – ebenso viel Vergnügen haben wie wir.

Stuttgart, im Oktober 1998

                    Michael Justus
                    Geschäftsführer des
                    Schäffer-Poeschel Verlags

Der C. E. Poeschel Verlag feiert in diesem Jahr sein 50jähriges Bestehen. 1902 hat der Buchdrucker Carl Ernst Poeschel, dessen Offizin Poeschel & Trepte in Leipzig unter seiner Leitung weltberühmt werden sollte, den Verlag mit der Übernahme der Bücher von Georg Obst aus dem Hause Strecker & Schröder gegründet. Ihn reizte die Aufgabe, für das bisher in der Ausstattung vernachlässigte fachwissenschaftliche Buch eine ästhetisch befriedigende Form zu finden. Mit dem Wachsen des Verlages aber erkannte er, wie mancher vor ihm, daß er sich für das eine oder andere, für Druckerei oder Verlag, entscheiden mußte, wenn er nicht Gefahr laufen wollte, sich zu zersplittern. Aus diesem Grunde verkaufte er im Jahre 1919 den Verlag an Dr. Alfred Druckenmüller, der bei ihm in seiner Offizin volontiert hatte, und mit dem er in Freundschaft verbunden war.

Unsere Verlagsfeier möchten wir am 6. Februar 1952 vereinen mit der Feier des 70. Geburtstags unseres verehrten Seniorchefs Dr. Alfred Druckenmüller. Er hat nach den schweren Schlägen des Krieges, die sein blühendes Werk zerstört hatten, im Jahre 1946 den Neuaufbau begonnen, und ich danke ihm, daß ich ihm bei dieser schönen Aufgabe seit 1948 zur Seite stehen darf.

Die Herstellung dieser kleinen Festschrift übernahmen die Offizin Poeschel & Schulz-Schomburgk in Eschwege und die Großbuchbinderei Heinrich Koch in Tübingen und widmen sie beiden Jubilaren als Zeichen treuer Verbundenheit. Ich aber gebe das Büchlein weiter an die Autoren, die Mitarbeiter und die Freunde der beiden Jubilare.

Hermann Leins

CARL ERNST POESCHEL

BUCHDRUCK IN DEUTSCHLAND

Gedanken aus zwei Vorträgen (1925 und 1940)

I (1925)

In den letzten Jahrzehnten des vorigen Jahrhunderts war uns der Sinn für die Gestaltung des Druckwerkes, und des Buches im besonderen, verlorengegangen. Es standen uns für unsere Tätigkeit zwar eine Unmenge von Schriften zur Verfügung, aber sie hatten im Laufe der Zeit an Charakter eingebüßt. Das Typenbild war kraftlos und zu verfeinert, und die Massen von Ornamenten waren schlechte Kopien aus allen Stilen, untypographisch meist, weil Vorlagewerken für ganz andere Zwecke entnommen. Den Satz regelten Gesetze, die ertüftelt und starr waren. Daneben regte sich die Setzerphantasie und erging sich, ich möchte sagen zur Erholung von diesem Schematismus, in wilden Spielereien. In der Akzidenz wurde die freie Richtung gepflegt, die sich an lithographische Arbeiten anlehnte, deren Grundlage also schon verkehrt war, denn man darf sich niemals ein anderes Verfahren mit ganz anderen Bedingungen und Voraussetzungen zum Vorbild nehmen.

In den neunziger Jahren sehen wir die ersten lebhaften Regungen zutage treten, das Buch und die Drucksache zu einem künstlerischen Ganzen umzugestalten. Von England angeregt, dessen Buchgestaltungsprobleme man zur eigenen Weiterbearbeitung übernahm, suchte man, schritthaltend mit einer gleichlaufenden Bewegung in Architektur und Kunstgewerbe, nach neuen Ausdrucksformen.
Man versuchte zuerst mit stark naturalistischen, später strengeren Ornamenten das Druckwerk innen und außen zu schmücken und tat dabei im Übereifer des Guten zu viel. Der Buchschmuck überwucherte, und die Typographie wurde in dieser Zeit etwas stiefmütterlich behandelt. Man beschränkte sich in der Hauptsache darauf, aus jedem Schriftsatz ein Rechteck herzustellen, und füllte jede Lücke, so auch die Einzüge und Ausgänge einer Seite, mit Blümchen oder Ornamenten. Der Satz wurde nicht im Sinne einer straff gegliederten Architektur behandelt, sondern die bedruckte Fläche meist noch ziemlich willkürlich gefüllt. Wir können dies heute wohl verstehen, denn es fehlten uns damals vor allem gute Druckschriften, mit denen ein strenger Aufbau möglich war.

Bis zum Ende des neunzehnten Jahrhunderts war nur Vorarbeit geleistet worden, tastend einerseits und ziemlich ungestüm und schwulstig andererseits.

Das Jahr 1901 bescherte uns die ersten neuen Druckschriften, die eine planmäßige Entwicklung überhaupt möglich machten.
In den Vorjahren hatte man sich noch mit Behelfen abquälen müssen; die wenigen guten alten Schriften waren herangezogen worden, genügten aber in keiner Weise dem Bedürfnis — ich möchte sagen — nach Baumaterial für die Architektur einer Druckseite. Opferwillige Schriftgießer brachten uns nun in Gemeinschaft mit begabten Künstlern Hilfe, und wir konnten, ausgerüstet mit Typen, die aus dem Formempfinden der ganzen Bewegung und damit aus der Zeit heraus entstanden waren, unseren Absichten näherkommen. Klar lag nun unser Ziel vor uns. Wir wollten aus dem Inhalt, dem Text eines Werkes heraus Drucke schaffen, die hergestellt mit echtem Material und bei bester handwerklicher und maschineller Arbeit rhythmisch vollkommen waren. Schrift, Satzspiegel, Satzanordnung, Titel, Papier und Einband sollten in einem richtigen Verhältnis zueinander stehen und ein organisches Ganzes bilden. Der Grundgedanke jeder buchgewerblichen Aufgabe,

der uns im Laufe der Zeit verlorenging, war damit neu gefunden.

Die neue Bewegung blieb im Anfang auf einen verhältnismäßig kleinen Kreis von Künstlern, Verlegern, Schriftgießern und Buchgewerblern beschränkt. Es entstanden eine Reihe von Privatpressen, in denen, unbekümmert um finanzielle Vorteile und losgelöst aus dem Geschäftsgetriebe, zielbewußt gearbeitet werden konnte. Aus diesen Pflegstätten edler Buchdruckkunst, die zu Beginn rein handwerksmäßig schufen und erst später die Maschine zu beseelen versuchten, gingen köstliche Bücher in beschränkten Auflagen hervor. Es entstanden Schulbeispiele, die andere lockten, etwas ähnlich Schönes hervorzubringen. Der Ehrgeiz weiterer Verlegerkreise wurde angestachelt und die Forderung des Bücherliebhabers nach einem schönen oder wenigstens anständigen Buche wurde stärker.

Viele, die bisher abseits gestanden hatten, weil sie kein Verständnis für die neue Bewegung aufbrachten, oder vorsichtig abwarteten, wurden nun, oft gegen ihren Willen hineingezogen. Immer mehr Künstler beschäftigten sich mit dem Buche, buchgewerbliche Klassen wurden an den Kunstgewerbeschulen eingerichtet, die Schriftgießereien brachten immer neue Schriften, und Druckereien und Bindereien versuchten Ehre einzulegen, das Beste zu schaffen. Verleger der schönen Literatur begnügten sich nicht mehr damit, nur ihre Umschläge von guten Künstlern zeichnen zu lassen, sie übergaben ihnen die gesamte Ausstattung. Überhaupt kam in dieser Zeit erst die richtige Wechselwirkung zwischen Künstlern und Buchgewerblern zustande und ergab in der Zusammenarbeit etwas Abgerundetes, ohne gegenseitige Widerstände Entstandenes. Man reformierte das Schulbuch, wenn auch in bescheidenem Umfange, druckte gute Gesangbücher und Bibeln und machte sogar vor dem spröden wissenschaftlichen Buche nicht halt. Alte Zeitschriften, die jahrzehntelang dem Leser in ihrer zwar vertrauten, aber häßlichen Form genügt hatten, wurden umgestaltet. Selbst an die Tageszeitung machte man sich heran, doch sind dort wirklich einschneidende Wandlungen, mit Ausnahme von Verbesserungen im Anzeigensatz, kaum zu verzeichnen. Kostbare Kataloge und Werbehefte, gute Anschreiben und Geschäftsdrucksachen und nicht zuletzt wirkungsvolle Anzeigen zeugen von dem ernsten Bestreben, auch diesen Druck-Erzeugnissen Form zu geben.

Wir sind durch verschiedene Perioden hindurchgegangen, die sich in ihren Ausdrucksformen stark voneinander unterscheiden, die aber alle von dem einen Grundgedanken ausgehen, das Druckwerk zu einem rhythmischen Ganzen zu gestalten.

Wir waren im Anfang stark von englischen Vorbildern beeinflußt, die aber ihrerseits in guten deutschen Drucken der Blütezeit ihre Anregung gefunden hatten. Als wir selbständiger wurden, trat ein stark persönlicher Zug einzelner Künstler, Verleger und Buchdrucker hervor. Als Kinder ihrer Zeit jedoch standen diese Männer gesellschaftlich, wirtschaftlich, geistig und künstlerisch mitten in ihrer Umwelt und mußten unter dem ausgleichenden Zwange ihrer Umgebung schaffen.

Als Gesamtausdruck der seelischen Erlebnisse dieser Zeit ist zwar kein neuer Stil, es sind nur erkennbare Stilansätze entstanden, die sich, von den einzelnen ausgehend, verallgemeinert haben. Wenn die Bezeichnungen auch nicht genau passen, und nur vergleichsweise genommen werden dürfen, so sind wir nach dem Jugend- und Sezessionsstil durch eine Biedermeierzeit, eine Zopfstilperiode, eine Empire- und klassizistische Zeit hindurchgegangen und sehen heute [1925] in vielen guten Arbeiten Renaissanceeinflüsse sich geltend machen.

Neue Verfahren der Wiedergabe des Wortes verlangen neue Ausdrucksmittel, das heißt der Technik angepaßte Schriften und aus ihr hervorge-

hende Lösungen der Gruppierung der Wortbilder.
Die Vorkämpfer des Konstruktivismus geben nun der einfachsten Typenform den Vorzug, weil sie am zeit- und stillosesten ist, und versuchen, unter steter Beobachtung und Berücksichtigung technischer Vorgänge eine neue Form des Aufbaues zu finden. Mitläufer machen dies gedankenlos mit, nur um nicht rückständig zu erscheinen.
Wir versuchten als höchstes Ziel unserer typographischen Bemühungen rhythmische Ruhe und feinste Ausgeglichenheit zu erreichen; der Konstruktivismus versucht alles Formale über den Haufen zu werfen. Jedoch nur scheinbar, denn wirklich gute Ergebnisse dieser Methode sind von starker rhythmischer Gliederung, aber mit dem Unterschied, daß dort, wo wir rhythmische Ruhe herstellten, rhythmische Unruhe konstruiert ist. Während es unser Ziel war, eine feingegliederte Satzarbeit als Ganzes auf einen Blick erfassen zu lassen, versucht der Konstruktivismus ein stufenweises Abrollen des optischen Vorganges zu erreichen.
Für Reklame- und Gebrauchsgraphik sind mit dieser Absicht schon sehr gute Arbeiten entstanden, während Versuche, den Konstruktivismus auf das Buch zu übertragen, mißglückt sind.
Diesen Versuchen liegen Mißverständnisse zugrunde. Die Konstruktivisten vergessen, daß das

Buch in seiner heutigen Form aus den Bemühungen von Jahrhunderten entstanden ist und traditionelle Grundzüge trägt, die sich nicht einfach durch Experimente ummodeln lassen. Man muß sich damit begnügen, Umschlag, Titel und bis zu gewissen Grenzen vielleicht auch Format und Satzspiegel konstruktivistisch zu gestalten, während die Hauptsache, der eigentliche Satz, bleiben muß, wie er war, weil er Spielereien, die mit Unleserlichkeit enden, nicht verträgt.

Ich bin überzeugt, daß der Konstruktivismus wichtige Vorarbeit für die in der Entwicklung begriffenen technischen Verfahren leistet. Das Ziel ist aber noch nicht klar genug, und die Anstrengungen sind vielleicht etwas verfrüht, weil die neuen Methoden der Übertragung des Wortes noch nicht fertig genug sind, um klare Forderungen an Type und formale Lösung der Wortgliederung stellen zu können.

II (1940)

Langsam, sehr langsam haben wir uns in den darauffolgenden Jahren von dem Elend und den Schädigungen der Inflation erholt, eine neue Formgebung aber nicht gefunden. Sie war zu etwas Selbstverständlichem geworden, ein anderen Ländern gegenüber höchst beachtlicher Durchschnitt gewonnen, das Ergebnis war anständig, aber oft recht langweilig und damit — sprechen wir es ganz offen aus — ein Stillstand da. Es entstanden formale Regeln, die einer vom andern übernahm und damit eine gewisse Uniformierung des Buches. Nebenher allerdings lief in gewaltigem Aufschwung die Vervollkommnung der Technik und der Maschine. Offset- und Kupfertiefdruck setzten sich konkurrenzfähig mit den Resultaten ihrer Arbeit neben den Hochdruck, und die Lichtbildkunst brachte, unterstützt von einer raffinierten Reproduktionstechnik, da, wo sie bescheiden auftrat, neue interessante Lösungen der Buch-, vor allem aber der Zeitschriftengestaltung.

Nicht vorübergehen dürfen wir in unseren Betrachtungen an der Setzmaschine, die ja heute die Hauptarbeit des Satzes leistet. Sowohl die Zeilensetzmaschine als auch die Buchstabensetzmaschine sind im Laufe der letzten Jahrzehnte mit einer kaum übersehbaren Menge von Schriften ausgestattet worden. Darunter befinden sich eine große Anzahl so guter, daß man fast für jede noch so anspruchsvolle Aufgabe eine Type findet. Neben historischen Schriften, Vorbildern aus mehreren Jahrhunderten nachgebildet, haben uns die Setzmaschinenfabriken auch Schriften unserer zeitgenössischen Buch- und Schriftkünstler gebracht, so von Koch, Weiß und Tiemann, und damit auch die Gegenwart zu Worte kommen lassen.

Wie ich schon vorhin erwähnte, ist in den Jahren nach der Inflation in der Formbehandlung des Buches, also vor allem im Satzstil, ein Stillstand eingetreten. Die Typographie jener Zeit beherrschte ein auf die einfachste Form gebrachter starker Drang nach Sachlichkeit. Ein Belebungsversuch ist gemacht worden, der auch auf Sachlichkeit aufbaute, aber, wie seine Anhänger es nannten, auf einer neuen. Diese neue Sachlichkeit hatte absolut umstürzlerische Absichten und entsprang einem politischen und künstlerischen Denken und Fühlen, ungefähr gleichlaufend mit dem Expressionismus und dem Bauhausstil. Gleichzeitig stellte sie das Bestreben dar, der Maschine und den technischen Errungenschaften stilistisch gerecht zu werden.
Wir sind uns klar, daß die Bewegung keine gewachsene, normal entwickelte war, sondern etwas Krampfartiges hatte und deshalb sich über kurz oder lang in ihren extremen Formen totlaufen mußte. Trotzdem hat sie etwas Gutes gehabt, sie hat reinigend gewirkt.

Auf dem Wege über die neue Sachlichkeit sind wir an einer Stelle unserer Betrachtungen ange-

CARL ERNST POESCHEL

langt, die uns alle tief bewegt. Es drängt sich uns zwangsläufig die Frage auf, wie wird denn die Typographie von morgen ausschauen, wenn Fraktur oder gotische Schriften, diese unentbehrlichen Ausdrucksmittel deutscher Kultur, nur noch als schmückende Elemente auftreten dürfen? Prophezeien können wir nicht, aber doch versuchen, uns eine Vorstellung zu machen, wobei wir nicht etwa auf den Gedanken verfallen dürfen, da anzuknüpfen, wo die neue Sachlichkeit aufhörte. Es gibt nur eine einzige Möglichkeit, nämlich denselben Weg zu gehen, den die Typographie seit Jahrzehnten geht: sich der stärksten Ausdrucksform einer jeden Epoche, der Architektur, anzuschließen und sich von ihr formale Richtlinien vorzeichnen zu lassen. In erster Linie muß dies für die Gestaltung und das Gesicht offizieller Drucksachen und Druckwerke gelten und sich am stärksten im Satz der Buchtitel ausdrücken, die ja den typographischen Stil einer Periode am stärksten widerspiegeln und überhaupt Beispiele der Geschichte der Typographie sind.
Es kann einem geübten Typographen nicht schwerfallen, monumentale Drucke in Angleichung an den Baustil der Zeit zu schaffen, er wird stark mit Versalien arbeiten und sich in den Verhältnissen wieder mehr dem Goldenen Schnitt zuneigen, also von Normformaten absehen. Anders liegen die

Dinge bei der Tagesdrucksache, dem Durchschnittsbuch, der Zeitschrift und der Zeitung, die mit gegebenen Formaten rechnen müssen. Hier beginnen erst die Schwierigkeiten für den Typographen, die meist nach oben strebende Antiqua auf einem Normformat, das mehr nach Wirkung in der Breite geht, richtig zur Geltung zu bringen. Die meisten werden sich, fürchte ich, damit abfinden und gedankenlos Antiqua an Stelle der Fraktur setzen, — nicht aber so der Mann mit Gewissen. Er muß in vielen Fällen eine stärkere Auflockerung des Satzes zu erzielen suchen und mehr als vorher mit einem geschickten Wechsel von Geradestehender und Kursive, von Versalien, Kapitälchen und, wenn es gar nicht zu vermeiden ist, von halbfetten und fetten Typen operieren.

Ich fürchte, daß wir in der nächsten Zeit viele mißglückte und mißverstandene Versuche sehen werden, aber noch mehr fürchte ich, werden wir uns über gleichgültige und langweilige Handhabung der Antiquaschrift ärgern müssen. Dem Bequemen wird es ja viel leichter gemacht, mit Hilfe der Antiqua etwas Leidliches aufs Papier zu bringen, außerdem entfällt die Schulung von Auge und Hand am Fraktursatz und damit ein wichtiges pädagogisches Erziehungsmittel. Hier müssen wir eingreifen und den Jüngeren und Jüngsten zum Verständnis für zeitgemäße, organische Gestaltung verhelfen und die Augen öffnen — die schaffenden Hände werden unseren Anregungen schon folgen. Wir wollen uns also nicht in einen zu großen Pessimismus einhüllen und damit einen grauen Schleier über die Zukunft der Typographie und ihres Stiles breiten.

Ich bin im Gegenteil höchst optimistisch eingestellt, und zwar einzig und allein im felsenfesten Vertrauen in unsere Jugend. Sie wird nach den starken Eindrücken der Kriegsjahre alles mit anderen, vor allem mit unverbildeten, beinahe naiven Augen betrachten. Den Jungen fehlen Voraussetzungen und Hemmungen, die wir, an die Überlieferung stärker gebunden, mit uns herumschleppen, sie sind weniger belastet und wohl auch kühner im Anpacken von Problemen, vielleicht gar von einem neuen, uns vorläufig ganz verschlossenen, geistigen Standort aus.

GEORG OBST

CARL ERNST POESCHEL
ALS VERLEGER

In den letzten Augusttagen des Jahres 1902, wenige Stunden vor Antritt einer Auslandsreise, erhielt ich von meinem Verleger, der Firma Strecker & Schröder in Stuttgart, die Mitteilung, der handelswissenschaftliche Teil des Verlages gehe mit dem 1. September an Herrn Carl Ernst Poeschel in Leipzig über. Herr Schröder, der ruhende Pol in der Erscheinungen Flucht der Verleger, die ich in fünf Jahren erlebt hatte, fügte dann noch hinzu: Herr Poeschel ist ein junger, tatenlustiger Herr, mit dem Sie sicherlich gut auskommen werden. Räumlich ist er Ihnen näher; und Leipzig ist ja nun einmal Mittelpunkt des deutschen Buchhandels. —
Sonderlich erfreut war ich über diesen Verkauf, auch trotz des Trostwortes, keineswegs. War doch der neue Herr für mich ein völlig unbeschriebenes Blatt. Bald aber sollte aus der mir aufgezwungenen Ehe eine Liebesehe werden! Als wir uns, in Berlin und Leipzig, persönlich kennengelernt

und einander offen unsere Pläne für lange Sicht entwickelt hatten, da fühlten wir es: Die Grundlage für ein vertrauensvolles, freundschaftliches Zusammenarbeiten ist gelegt. Unser Optimismus war groß, obgleich der Poeschel-Verlag in weitesten Kreisen noch unbekannt war, und es sehr im ungewissen lag, ob meine Werke buchhändlerischen Erfolg erzielen würden.

Poeschel, wagemutig und großzügig, wenige Monate vor Erwerb seines Verlages heimgekehrt aus Amerika, wo er Erfahrungen und Kenntnisse mannigfacher Art gesammelt und als wertvollsten Schatz die Missis, seine kluge, anmutige Frau, mitgebracht hatte, baute mit weitschauendem Blick nach einheitlichen Grundsätzen seinen Verlag auf.

Der Verlagsbuchhandel war für ihn deshalb so anziehend, weil er ihn zu einem ganz persönlichen Beruf gestaltete, d. h. allem Tun einen persönlichen Ausdruck zu geben wußte. Die Kunst der Menschenbehandlung lernte er rasch im Verkehr mit seinen Autoren. Mündliche Aussprachen zog er einem langen Briefwechsel vor. So hatte ich oft die Freude, ihn bei mir in Berlin zu sehen. Manchmal freilich nur für wenige Minuten, ein anderes Mal wieder einen vollen Sonntag. Auf unseren herrlichen Wanderungen im Grunewald und während der Fahrten auf dem Wannsee entstand der Plan zum großen Sammelwerk „Das Buch des Kaufmanns", der Plan zur Gründung der „Zeitschrift für Handelswissenschaft und Handelspraxis", die von Anfang an, unter reger, verständnisvoller Beteiligung des Verlegers Poeschel auf eine breite Basis gestellt wurde. Jeglicher Forschungsarbeit, die auf dem Gebiete der Betriebswirtschaftslehre geleistet wurde, öffnete sie bereitwillig ihre Spalten. Poeschel faßte seine Aufgabe als Verleger so auf, daß er den Autor anzuregen habe, seine Ansicht aber ihm nicht aufdrängen dürfe.

Mit Freude und Stolz denke ich heute noch gern und in Dankbarkeit an dieses gegenseitige Geben und Nehmen in geistiger Beziehung während vieler Jahre.

Viele Pläne wurden damals geschmiedet; nur ein Teil von ihnen gelangte zur Ausführung; bald bremste der eine, bald der andere. Jeder wollte den anderen vor Enttäuschungen möglichst bewahren. Bei diesem Vertrauens- und Freundschaftsverhältnis war es natürlich, daß der Verleger mit dem ältesten Autor des Verlages Verlagsangebote, die zahlreich eingingen, besprach. Vielen war es, mit Recht, ein erstrebenswertes Ziel, Autor des Carl Ernst Poeschel-Verlages zu werden; sie erkannten, daß dort ihre Werke individuell behandelt wurden, und daß sie in jeder

Beziehung besser führen, als bei Verlegern, die eine schematische Behandlung ihrer Autoren vornahmen und eine persönliche Fühlung mit ihnen nicht für opportun hielten. Bei dem großen Ansehen, das der Verlag mehr und mehr genoß, war es ihm nicht schwer, diejenigen Autoren zu gewinnen, die er haben wollte.

Die neue Wissenschaft der Betriebswirtschaftslehre — das darf an dieser Stelle einmal ausgesprochen werden — verdankt in ihrem Aufbau Carl Ernst Poeschel unendlich viel. Nur Werke, die die Wissenschaft fördern und die der Praxis dienlich sind, wollte er herausbringen. Ob sich hierbei für den Verlag ein Gewinn oder ein Verlust ergab, war für ihn bei der Wahl der Autoren und ihrer Werke keineswegs bestimmend. Pionieren auf neuem Pfad leistete er willig Folgschaft. Auf materiellen Nutzen verzichtete er gern, wenn er der Überzeugung war, daß die Wissenschaft und die Allgemeinheit Nutzen daraus zog.
Wertvoll wie das Buch sollte auch seine *Äußere Ausstattung* sein. So hat Carl Ernst Poeschel, der Mitarbeiter der väterlichen Firma Poeschel & Trepte, die *Bahnbrecher für künstlerische Druckausstattung* war, diese als eine der Ersten auch auf die handelswissenschaftliche (betriebswirtschaftliche) Literatur ausgedehnt und so seinem Verlag

den Ruf vorbildlicher *Buchausstattung* geschaffen. Neben dem geistigen Genuß des Inhaltlichen sollte dem Leser zugleich ein sinnlich-ästhetischer erwachsen. Sein eigenes künstlerisches Empfinden legte er in alle seine Arbeiten hinein.
Das galt insbesondere auch für die „Zeitschrift für Handelswissenschaft und Handelspraxis", deren 1. Heft im April 1908 erschien. Künstlerische Beilagen brachte das Beiblatt „Der Kaufmann und das Leben". Dieser Zeitschrift schenkte Poeschel ganz besonderes Interesse. Lächelnd hat er mir manchmal verraten, wieviel ihm sein Schönheitsgefühl koste. Da gab's für ihn keine Kalkulation und keine Rentabilitätsrechnung.
Viele Pläne, die Poeschel noch hegte, und die zum Teil schon stark ausgereift waren, machte der Krieg zunichte. Als Kriegsfreiwilliger trat er ins Heer und überließ die Leitung seines Verlages seinem Vater, auf dem nun eine doppelte Bürde lastete. Neue Werke kamen — zum Teil bedingt durch die später entstehende Papierknappheit — nicht heraus, und auch von manchem eingebürgerten alten Verlagswerk erschien lange Zeit keine Neuauflage.
So fand Carl Ernst Poeschel seinen mit tiefem Verständnis, großer Liebe und unermüdlichem Fleiß aufgebauten Verlag vor, als er aus dem Kriege heimkehrte. Große Aufgaben, das er-

kannte er mit seinem scharfen Blick, hatte jetzt ein wirtschaftswissenschaftlicher Verlag zu erfüllen. Die Betriebswirtschaftslehre, die zu so großer Bedeutung gelangt war, mußte durch Herausgabe wissenschaftlicher Arbeiten gefördert werden. Große Sachkunde und viel Zeit erforderte es, die Spreu von dem Weizen zu scheiden. Schon die starke Tätigkeit auf drucktechnischem Gebiete für seine Firma Poeschel & Trepte, für die mehr und mehr die Verantwortung auf den jungen Poeschel übergegangen war, nahm seine volle Arbeitskraft in Anspruch. Da entschloß Poeschel sich denn schweren Herzens, aber in der Erkenntnis, daß zur Führung des Verlages eine Kraft notwendig sei, die sich ihm ausschließlich widmen kann, den Verlag in andere Hände zu legen.

Am 1. Mai 1919 ging der Carl Ernst Poeschel-Verlag an Dr. Alfred Druckenmüller, der mit Poeschel in Freundschaft verbunden war, und seinen Bruder Eugen Druckenmüller über. Diese sind gleichzeitig Inhaber der hochangesehenen J. B. Metzlerschen Verlagsbuchhandlung, die auf eine alte Tradition zurückblicken und sich rühmen kann, Schiller, Lessing und Scheffel zu ihren Autoren zu zählen.

Im Geist und unter dem Namen seines Begründers Carl Ernst Poeschel wird der Verlag in Stuttgart tatkräftig weitergeführt und ist eine der führenden deutschen Firmen auf dem Gebiete der betriebswirtschaftlichen Literatur.

Verlagssignet
entworfen von Walter Tiemann
des C. E. Poeschel-Verlags,
(um 1906)

DER C. E. POESCHEL VERLAG

Rechenschaftsbericht und Dank

Der C. E. Poeschel Verlag ist einer der wenigen betriebswirtschaftlichen Verlage, die das Werden der Betriebswirtschaftslehre fast von ihren Anfängen an bis in die Gegenwart begleitet haben. Er wurde von *Carl Ernst Poeschel* 1902 als Verlag für kaufmännische Literatur begründet und seit 1919 von Dr. Alfred Druckenmüller als Verlag für ausgesprochen betriebwirtschaftliche Literatur weitergeführt. Die Verbindung zwischen Betriebswirtschaftslehre und Poeschel Verlag war und ist so intensiv, daß man an Hand der seit 1902 veröffentlichten Werke und Schriften den Werdegang dieses Faches schildern könnte, dessen Entwicklung mit der Gründung der Handelshochschule Leipzig im Jahre 1898 begann.

Für die erste Lebensperiode des Poeschel Verlages, die bis 1919 geht, möge die knappe Schilderung zum 25jährigen Jubiläum (1927) hierher gesetzt werden, die *Dr. Alfred Druckenmüller* im damaligen Jubiläumsjahrbuch gab:

»Am 1. September 1902 erwarb Carl Ernst Poeschel in Leipzig die handelswissenschaftliche Gruppe des Verlages Strecker & Schröder in

Stuttgart. Sie umfaßte 22 Werke, deren ältestes von der damaligen Firma Schröder & Cie in Heilbronn 1897 herausgegeben war und den Titel führte: „Kapitals-Anlage und Wertpapiere. Von Georg Obst, Beamter der Dresdner Bank in Berlin".

Carl Ernst Poeschel gab dem Verlag, der zunächst ganz auf die Bedürfnisse der Praxis abgestellt war, einen stärkeren wissenschaftlichen Einschlag in Anlehnung an die in jenen Jahren sich mächtig entwickelnde Handelshochschulbewegung. 1908 erfolgte die Gründung der „Zeitschrift für Handelswissenschaft und Handelspraxis", deren Redaktionsstab von Anfang an die Professoren Nicklisch und Obst als Herausgeber angehörten. Von wissenschaftlichen Werken ist besonders die „Wirtschaftliche Betriebslehre" von Professor Dr. Nicklisch, erstmals aufgelegt im Jahre 1912, hervorzuheben.

Doch auch die kaufmännische Praxis und der kaufmännische Unterricht wurden nicht vernachlässigt. Obst's weitverbreitetes Werk „Geld-, Bank- und Börsenwesen", dessen 100. Tausend 1926 durch eine Jubiläumsausgabe gefeiert werden konnte, eröffnete die Sammlung kaufmännischer Unterrichtswerke, die es noch unter Carl Ernst Poeschel auf 24 Bände gebracht hat, während die 1903 begründete Sammlung „Ratgeber in Geld- und Rechtsfragen" nicht weitergeführt wurde. 1904 erschien die erste Auflage vom

„Buch des Kaufmanns", für dessen Mitarbeiterstab der Herausgeber Professor Dr. Obst eine ansehnliche Reihe klangvoller Namen vereinigte.

Carl Ernst Poeschel hat in den 17 Jahren, während deren der Verlag in seinem Besitz war — die Teilhaberschaft von Dr. Anton Kippenberg (1905/06 firmierte der Verlag Poeschel & Kippenberg) bedeutete nur eine kurze Episode — diesem zweifellos sein Gesicht gegeben. Neben dem Streben, nur wertvolle Erscheinungen herauszubringen, kam dies auch äußerlich darin zum Ausdruck, daß er, der Bahnbrecher für künstlerische Druckausstattung, als Erster diese auch auf fachwissenschaftliche Bücher ausdehnte und so dem Verlag den Ruf vorbildlicher Ausstattung verschaffte. Eben diese starke Tätigkeit auf drucktechnischem Gebiet, die eigentlich seine ganze Arbeitskraft für die von ihm geleitete, jetzt weltbekannte Offizin Poeschel & Trepte beanspruchte, veranlaßte Poeschel, sich von seinem Verlag zu trennen. Am 1. Mai 1919 übergab er ihn dem Unterzeichneten, der 1904 von ihm in die Geheimnisse der Buchdruckerkunst eingeweiht worden war und sich ihm seitdem freundschaftlich eng verbunden fühlte. Der jetzige Inhaber war mit dem Verlagsgeschäft bereits vertraut durch die von ihm seit 1908 geleitete J. B. Metzlersche Verlagsbuchhandlung, während die Leitung der Druckerei seinem Bruder untersteht.

Als die Übersiedlung nach Stuttgart erfolgte, wo der Verlag seine eigentliche Entstehung erlebt hat, setzten eben die schlimmsten Jahre der Inflation ein. Die Umsätze in handelswissenschaftlicher Literatur erreichten eine ungeahnte Höhe; einzelne Werke erlebten in kürzesten Zeitabständen Auflagen um Auflagen. Aber das Arbeiten war wenig befriedigend, unproduktiv. Erst seit 1924 ist wieder eine zielbewußte Verlagstätigkeit möglich.«

Mit dieser Darstellung sind die wichtigsten Grundlagen für den Erfolg des Poeschel Verlages gekennzeichnet, die dann Dr. Druckenmüller in vorbildlicher Weise bis zum Abschluß des zweiten Weltkrieges weitergeführt hat. Das Gesamtunternehmen bestand in dieser Zeit aus der J. B. Metzlerschen Verlagsbuchhandlung (1682 gegründet, 1908 von Dr. Alfred Druckenmüller übernommen), dem Poeschel Verlag und dem Druckereibetrieb, dem der Bruder Eugen Druckenmüller vorstand.

Schon in der ersten Periode des Verlages kommt die wissenschaftliche Entwicklung der Betriebswirtschaftslehre zum Durchbruch mit der bereits erwähnten Herausgabe einer wissenschaftlichen Fachzeitschrift, mit der grundsätzlichen Arbeit von Nicklisch über „Allgemeine kaufmännische Betriebslehre" im Jahre 1912, aber auch schon 1909 mit dem noch heute lesenswerten Buch von Nicklisch über Kartellbetrieb, einem Musterbeispiel für beriebswirtschaftliche Sonderuntersuchungen.

Die *Entwicklung der Betriebswirtschaftslehre* zu einer wirtschaftswissenschaftlichen Fachdisziplin war durch den ersten Weltkrieg unterbrochen worden. Nach der Stabilisierung der Währung, als das bis dahin mit „Privatwirtschaftslehre" bezeichnete Fach auf nahezu allen Universitäten eine Vertretung fand und an den Handelshochschulen stärker besetzt wurde, nahm die Forschungsarbeit eine geradezu stürmische Entwicklung. Neben den beiden alten Zeitschriften wurden drei neue gegründet, die Forschungsinstitute der einzelnen Hochschulen legten Jahr für Jahr neues Material vor und die Erteilung des Promotionsrechts brachte unzählige Einzelstudien in der Form von Dissertationen. Aber schon die Habilitationsschriften und die laufenden Forschungsergebnisse der hauptamtlichen Dozenten des Faches brachten Jahr für Jahr soviel Veröffentlichungen, daß es selbst dem Fachwissenschaftler kaum mehr gelang, alles zu lesen oder zu verarbeiten.

An dieser ersten großen Welle der Veröffentlichungen, die etwa die Jahre von 1924 bis 1932 umfaßte, hat der Poeschel Verlag einen recht beträchtlichen Anteil gehabt und sich mit der Herausgabe zahlreicher Werke klärend und fördernd an der Entwicklung beteiligt. Nach 1932 ließ die Zahl der Veröffentlichungen etwas nach, seit 1940 ist nur noch wenig bis zum Ende des zweiten Weltkrieges erschienen.

Wenn man nur die Namen der Hochschullehrer herausgreift und von den zahlreichen Veröffentlichungen der Vertreter der Praxis absieht, so findet man, abgesehen von *Obst* und *Nicklisch,* die ihre gesamten Veröffentlichungen seit 1900 im Poeschel Verlag herausgebracht haben, folgende Namen vertreten: *Auler, Beckmann, Bergler, Fischer, Fleege-Althoff, Fluch, Henzel, Hertlein, Hohlfeld, Hummel, Kalveram, Kirsch, Kosiol, Lehmann, Lisowsky, Linhardt, Löffelholz, Marbe, Rössle, Ruberg, Sandig, Seischab, Sewering, Seyffert, Sommerfeld, Schmaltz, Schmidt, Schnettler, Schönpflug, Schötz, Schuster, Theisinger, Thoms, Weigmann.*

Es ist im Rahmen dieses Überblicks nicht möglich, auf die Bedeutung dieser verlegerischen Arbeit für eine ganze wissenschaftliche Disziplin einzugehen. Der auf S. 58—70 gegebene *Versuch eines systematischen Verlagsverzeichnisses,* das allerdings nur die wichtigsten Werke nennt, vermittelt vielleicht eine Vorstellung des Gewollten und des Erreichten.

Einige verlagstechnische Leistungen müssen aber doch besonders genannt werden, an erster Stelle das *„Handwörterbuch der Betriebswirtschaft"* (herausgegeben von Nicklisch), das 1926/1929 in erster Auflage in 5 Bänden vorgelegt wurde. Mit dieser, für die damalige Zeit grundlegenden Darstellung des Faches ist der Betriebswirtschaftslehre ein wesentlicher Dienst geleistet worden. Anlage und Aufbau der ersten Auflage gaben erstmalig einem weiten Kreis die Möglichkeit, die Abgrenzung der wissenschaftlichen Aufgabe der Betriebswirtschaftslehre zu übersehen. Das „Handwörterbuch der Betriebswirtschaftslehre" war verlegerisch ein voller Erfolg; die 2. Auflage ist 1938 erschienen und mittlerweile ebenfalls so gut wie vergriffen.

Eine besondere Bedeutung kommt dem *„Archiv der Fortschritte betriebswirtschaftlicher Forschung und Lehre"* zu, ein Jahrbuch, das in vier Bänden vorliegt (1924—1927) und das eine jährliche Schau über die Publikationen des Faches im In- und Ausland brachte. Diese auf Anregung von Nicklisch erschienenen Jahrbücher sind auch heute noch eine Fundgrube für betriebswirtschaftliche Quellenstudien. Sie mußten später eingestellt werden, weil der Abnehmerkreis für rein wissenschaftliche Arbeiten der Betriebswirtschaftslehre sich damals noch als zu klein erwies. Dies gilt im übrigen für alle Bibliographien, und auch die vom Reichskuratorium für Wirtschaftlichkeit herausgegebene Monatsschrift „Das betriebswirtschaftliche Schrifttum" erlitt das gleiche Schicksal.

Noch eine besonders reizvolle Gruppe wertvoller Veröffentlichungen, die bis jetzt noch nicht wieder aufgenommen werden konnte, muß in diesem Zusammenhang erwähnt werden: die als Faksimile-Drucke auf photomechanischem Wege hergestellten *„Quellen und Studien zur Geschichte der Betriebswirtschaftslehre"* unter der Herausgeberschaft von R. Seyffert, Köln, von denen drei Bände erscheinen konnten (Pacioli, Leuchs, Ludovici).

Ein großer Teil der wissenschaftlichen Veröffentlichungen des Verlages ist im Rahmen besonderer Sammlungen erschienen, die auf Grund der Anregungen einzelner Hochschullehrer laufend fortgesetzt und ergänzt wurden. Erwähnt seien: *„Die Bücher: Organisation"*, herausgegeben von Nicklisch, von denen 23 Bände 1940 vorlagen, die *„Betriebswirtschaftlichen Abhandlungen"*, herausgegeben von Auler, le Coutre, Findeisen, Kalveram, Seyffert und Sommerfeld, die es bis

1940 auf 24 Bände brachten, die *„Schriften zur Einzelhandels- und Konsumtionsforschung"*, herausgegeben vom Einzelhandelsinstitut der Universität Köln unter Seyffert, mit 21 Bänden, die *„Beiträge zur Wirtschaftslehre des Handwerks"*, herausgegeben von Rössle, Meusch und Reiners, die bis 1940 mit 19 Bänden vorlagen, die Sammlung *„Revisionswesen und Wirtschaftsprüfung"*, herausgegeben von Schmaltz, mit 5 Bänden, sowie die kleineren Sammlungen für das kaufmännische Unterrichtswesen, die *„Bankwissenschaftlichen Forschungen"*, herausgegeben von Obst (mit 7 Bänden), das *„Technologische Taschenwörterbuch"* von Offinger in 5 Sprachen, bearbeitet von Krenkel (mit 6 Bänden). Auch die *„Zeitschrift für Handelswissenschaft und Handelspraxis"*, die mit dem 23. Jahrgang ihren Titel in *„Die Betriebswirtschaft"* änderte, wurde ausgebaut und der Entwicklung des Faches angepaßt.

Neben der rein wissenschaftlichen Literatur sind auch zahlreiche Einzelschriften für die unmittelbaren Bedürfnisse der Praxis, eine ganze Reihe von Schulbüchern und wichtige warenkundliche Schriften im Poeschel Verlag erschienen.

Bei einer so umfangreichen Verlagsarbeit ist es vielleicht von Interesse, einiges über die *Auf-*

lagenentwicklung der betriebswirtschaftlichen Literatur zu hören. Soweit es sich um Bücher handelt, die neben den wissenschaftlichen Interessenten auch die Praxis oder den kaufmännischen Nachwuchs ansprechen konnten, sind auch im Poeschel Verlag relativ hohe Auflagen erzielt worden. Bei der eigentlich fachlichen, häufig recht spezialisierten Literatur kam es dabei sehr auf den Schülerkreis des Autors an. So nennt z. B. der Jubiläums-Verlagskatalog von 1927 insgesamt 5 Zeitschriften, 18 Sammlungen und Handbücher sowie rund 200 Einzelwerke, von denen etwa 35 damals vergriffen waren und 15 in 2., teilweise stark erneuerter Auflage vorlagen; weitere Werke hatten die 3. (4), 4. (9, davon eines das 25. Tsd), 5. (2), 6. (4, davon eines das 40. Tsd), 7. (3), 8. (1 mit dem 30. Tsd), 9. (3, davon eines das 33. Tsd), 11. (2), 14. (1), 15. (1 mit dem 49. Tsd) und 25. (1 mit dem 106. Tsd) Auflage erreicht. Ein Verlagskatalog vom Frühjahr 1940 belegt fast die gleichen Zahlen: 2 Zeitschriften, 16 Sammlungen und Handbücher und rund 180 Bücher (ohne die vergriffenen Werke), von denen 16 in 2. und weitere Werke in 3. (3), 4. (1), 6. (1), 7. (2), 9. (6), 10. (1), 11. (1) 12. (1) und 30. (1) Auflage vorlagen.

In den Jahren 1924-1940 wurde der Büchermarkt allmählich mit betriebswirtschaftlicher Literatur allgemeiner und spezieller Art so gesättigt, daß die Aufnahmefähigkeit des Marktes, sofern man einmal von den Studierenden absieht, immer kleiner wurde. Diese Tatsache ist auch von den betriebswirtschaftlichen Autoren, denen Marktanalyse nicht fremd sein sollte, nicht immer richtig gewürdigt worden. Man vergißt häufig, daß der Interessentenkreis für wissenschaftliche betriebswirtschaftliche Literatur ursprünglich viel kleiner war, als man heute für möglich hält, und daß erst die Aufgeschlossenheit der Praxis für betriebswirtschaftliche Fragen nach dem zweiten Weltkrieg die durchschnittliche Auflagenhöhe wieder etwas ansteigen ließ. Die großen Verluste an Büchern und Bibliotheken während des zweiten Weltkrieges haben die Voraussetzungen für den Absatz vorübergehend gebessert, mit der zunehmenden Zahl der Veröffentlichungen setzt sich aber in der Gegenwart der frühere Tatbestand wieder durch.

Am besten läßt sich diese Erscheinung an den *betriebswirtschaftlichen Zeitschriften* verfolgen. Von den bekannten wissenschaftlichen Zeitschriften, die zwischen den beiden Weltkriegen am Markt waren, hat sich keine auf die Dauer allein getragen. Einige mußten sogar nach kurzer Zeit ihr Erscheinen einstellen. Und heute ist es nicht anders, wenn nicht ein Verband oder eine Organisation als fester Abnehmerkreis dahinter steht. Leider sind die Versuche nach dem zweiten Weltkrieg, zu einer einheitlichen wissenschaftlichen Fachzeitschrift zu kommen, gescheitert; der Poeschel Verlag hat aus diesem Grunde darauf verzichten müssen, seine alte Zeitschrift wieder herauszubringen. Aber in der *„Wirtschaftsprüfung"* wächst seit 1948 ein neues führendes Organ heran.

In diesem Zusammenhang noch einige Worte zur *Ausstattungsfrage* des fachwissenschaftlichen Buches. Beeinflußt durch Carl Ernst Poeschel, bewußt weitergeführt von Dr. Alfred Druckenmüller, war die Ausstattung der Bücher des Poeschel Verlages vorbildlich. Viele Veröffentlichungen jener Jahre sind auch heute noch rein äußerlich ein Schmuckstück des Bücherschrankes. Mit der hervorragenden äußeren Gestaltung und Ausstattung seiner Veröffentlichungen hat sich der Poeschel Verlag vor manchen anderen Verlagen herausgehoben. Diese besondere ästhetische Note ist von manchen Autoren nicht immer verstanden worden. Aber der Poeschel Verlag ist damit in die Fußstapfen der großen wissenschaftlichen Verlage getreten, die auf die Ausstattung ihrer Bücher stets besonderen Wert gelegt haben.

Man würde die zweite Periode des Poeschel Verlages, die man von 1919 bis etwa 1945 abgrenzen kann, nicht verstehen, ohne ein Wort über seinen Verleger zu sagen, den wir in diesen Tagen zur Vollendung seines 70. Lebensjahres beglückwünschen dürfen. *Dr. Alfred Druckenmüller* hat nicht nur das Werk von Carl Ernst Poeschel weitergeführt, er hat es auch weiterentwickelt, so daß der Verlag für diese Zeit seine persönliche Note trägt. Die Frage der Auswahl des Angebots, der Begrenzung in mengemäßiger Hinsicht, der Bevorzugung des Wesentlichen in den Veröffentlichungen, die Frage der Ausstattung, das alles sind Gesichtspunkte, die bei einem so großen Verlag nicht selbstverständlich sind und nach außen hin sein Gesicht bestimmen.

An dieser Stelle muß ein Wort über das Verhältnis zwischen Dr. Alfred Druckenmüller und seinen Autoren gesagt werden. Dieses Verhältnis ist es, das den Erfolg des Verlages in seiner zweiten Lebensperiode entscheidend beeinflußt hat. Das Verlegen eines Buches oder das Verhältnis zwischen Autor und Verleger ist zwar zunächst ein geschäftlicher Vorgang. Beim Poeschel Verlag war das Geschäftliche aber nicht das allein Entscheidende. Dr. Druckenmüller versuchte stets, zu seinen Autoren in ein persönliches Verhältnis zu kommen. Wo dies gelang,

DR. ALFRED DRUCKENMÜLLER

da blieben sich Autor und Verlag durch die Jahre hindurch treu. Dieses persönliche Verhältnis befruchtete die Arbeit des Verlegers und die der Autoren gleichermaßen. Es hat den Verleger häufig auch veranlaßt, ein Werk zu verlegen, bei dem von vornherein feststand, daß es geschäftlich keinen Erfolg haben würde. Diese Art der Erledigung des Geschäftsverkehrs hat in den meisten Fällen zwischen Dr. Druckenmüller und seinen Autoren ein besonderes Vertrauens- und Treueverhältnis geschaffen. Der Persönlichkeit Dr. Druckenmüllers, den viele seiner Autoren in den Jahren der gemeinsamen Arbeit schätzen und lieben gelernt haben, ist es zu verdanken, daß der Verlag so viele Freunde gewonnen hat. Es mag sein, daß er als Verleger manchem seiner Autoren nicht geschäftlich und nicht geschäftig genug war. Aber dies war es gerade, was den Erfolg seiner Tätigkeit in den Jahren seit 1919 bestimmt hat.

Ihm an dieser Stelle und bei diesem Anlaß nochmals besonders zu danken, ist allen denen, die die Ehre und Freude hatten, mit ihm zusammenzuarbeiten, ein echtes Herzensbedürfnis.

Kurt Schmaltz, Heidelberg

DER NEUBAU DES VERLAGES

1946—1952

Durch den Luftangriff vom 7./8. Oktober 1943 wurde das Haus (Stuttgart, Sofienstr. 16/18), in dem der Verlag C. E. Poeschel gemeinsam mit der J. B. Metzlerschen Verlagsbuchhandlung und Druckerei untergebracht war, völlig zerstört. Die gesamten Bestände, das Archiv und alle Arbeitsunterlagen wurden vernichtet.

Aber schon 1946 wurde die Arbeit wieder aufgenommen und damit begann die dritte Periode in der Geschichte des Verlages. Der Neubau stand vor großen Schwierigkeiten. Bis zum Juni 1948 fehlte es an Papier, die Druckereien arbeiteten unvollkommen, die Autoren waren in der Möglichkeit, ihre Veröffentlichungen herauszubringen, gehemmt. Erst nach der Währungsreform ging es rascher vorwärts.

Der Verlag bemühte sich in erster Linie, einen Teil der alten bewährten Literatur der Öffentlichkeit wieder zugänglich zu machen. Infolge der vielen Zerstörungen und der Vernichtung ganzer Bibliotheken und Büchereien kam er mit dieser Absicht einem breiten Bedürfnis entgegen, so daß die ersten Veröffentlichungen verhältnismäßig rasch und auch in verhältnismäßig hohen Auflagen abgenommen wurden.

Daneben legte der Verlag Wert darauf, auch neue, grundsätzliche Arbeiten herauszubringen, wobei die Begrenzung auf das rein Betriebswirtschaftliche nicht immer möglich war. So erschienen auch Werke aus den Gebieten Finanzwirtschaft und Steuerwesen, wobei ein Sondergebiet bevorzugt wurde: das Prüfungs- und Treuhandwesen, von dem noch vor der Währungsreform die grundlegende Zeitschrift „Die Wirtschaftsprüfung" in Verlag genommen wurde, deren Bedeutung seither von Jahr zu Jahr gewachsen ist.

Am 1. November 1950 konnten die seit dem 1. Januar 1948 auch juristisch zu einer Firma verschmolzenen Verlage J. B. Metzler und C. E. Poeschel wieder ein eigenes Haus (Stuttgart O, Kernerstraße 43) beziehen.

Im folgenden nennen wir in chronologischer Ordnung die Bücher, die seit 1946 unter der Firma C. E. Poeschel Verlag erschienen sind:

1946

KALKULATIONS-HANDBUCH für den Einzelhandel mit Bekleidungs-, Textil- und Lederwaren. Bearbeitet vom Wirtschaftsministerium, Preisaufsichtsstelle Stuttgart. (VI, 173 S. 8⁰) Vergriffen.

1947

KALKULATIONS-HANDBUCH für den Einzelhandel mit Bekleidungs-, Textil- und Lederwaren. 2. Auflage, 6.—11. Tausend. (VI, 173 S. 8°) Vergriffen.

Anton Huber
DIE ORDNUNG DER FINANZIELLEN, WIRTSCHAFTLICHEN UND SOZIALEN VERHÄLTNISSE DEUTSCHLANDS. Band 1 der Reihe: Die Neue Gesellschaft. (VIII, 74 S. 8°) Vergriffen.

J. D. Auffermann
DIE PRÜFUNG DER KOSTENRECHNUNG. (257 S. 8°) Vergriffen.

Hans Dölle und Konrad Zweigert
GESETZ NR. 52 ÜBER SPERRE UND BEAUFSICHTIGUNG VON VERMÖGEN. (XII, 392 S. 8°) Vergriffen.

KALKULATIONS-HANDBUCH für den Einzelhandel mit Bekleidungs-, Textil- und Lederwaren. Teil 2: Die Preisbildung bei Neuanfertigungen, Umarbeitungen und Ausbesserungen im Textileinzelhandel. (137 S. 8°) Vergriffen.

F. A. Müllereisert
VERTRAGSLEHRE. Der Schuldvertrag und der Haftungsvertrag. (258 S. 8°) Karton. DM 12.50.

Emil Klemm
DIE ALLGEMEINEN VORSCHRIFTEN DES PREISRECHTS. (189 S. 8°) Vergriffen.

KOSTENRECHNUNG UND PREISKALKULATION. Richtlinien für die Preisbildung gewerblicher Güter und Leistungen und Leitsätze für die Preiskalkulation (LS Westfalen). Herausgegeben vom Oberpräsidenten der Provinz Westfalen, Erlaß vom 1. Aug. 1946. Heft 4 der Reihe: Materialiensammlung für Buchführung und Kostenrechnung. (32 S. 8°) Vergriffen.

KOSTENRECHNUNG UND PREISKALKULATION. Leitsätze für die Ermittlung der Selbstkosten und des kalkulatorischen Gewinnes in Fertigungsbetrieben vom 3. Sept.

1946 (LSF Berlin). Sonderdruck aus dem Verordnungsblatt der Stadt Berlin Nr. 41 vom 3. Okt. 1946 (365). Herausgegeben vom Preisamt beim Magistrat der Stadt Berlin. Heft 5 der Reihe: Materialiensammlung für Buchführung und Kostenrechnung. (72 S 8⁰) Vergriffen.

Guido Fischer
ALLGEMEINE BETRIEBSWIRTSCHAFTSLEHRE.
Eine Einführung. 4. Auflage. (XV, 359 S. 8⁰) Vergriffen.

1948

LEHRUNTERLAGEN FÜR DEN GRUNDLEHRGANG „ARBEITS- UND ZEITSTUDIEN" SOWIE „ARBEITSBEWERTUNG" (REFA). Bestellnummern D 002 bis D 038. Heft 1 der Reihe: Beiträge zu den Arbeits- und Zeitstudien. (37 Unterlagen auf 33 Blättern, gr. 4⁰) In Mappe DM 10.—.

Diese Unterrichts- und Gebrauchsformulare für die Betriebspraxis sind auch einzeln lieferbar, je DM —.20.

Paulus van Husen
GESETZ ÜBER DIE VERWALTUNGSGERICHTSBARKEIT IN BAYERN, WÜRTTEMBERG-BADEN UND HESSEN mit Kommentar. (XVI, 177 S. 8⁰) Vergriffen.

DIE WIRTSCHAFTSPRÜFUNG. Betriebswirtschaftliches Archiv und Fachorgan für das wirtschaftliche Prüfungs- und Treuhandwesen. Mitteilungsblatt der prüfenden sowie der wirtschafts- und steuerberatenden Berufe. Herausgeber: Prof. Dr. Dr. Dr. Eugen Schmalenbach für das Institut der Wirtschaftsprüfer. Ab Nummer 5: Herausgeber: Institut der Wirtschaftsprüfer, verantwortlich: Dr. Fritz Möhle als Vorsitzender. Jahrgang 1: April bis Dezember 1948. (XII, 436 S. gr. 4)

Auf dem Umschlag der Zusatz: Zeitschrift für Betriebs- und Finanzwirtschaft. — Die Monate April bis September erschienen in inhaltlich gleichen Ausgaben für die Allgemeinheit (A) und die Mitglieder des Instituts der Wirtschaftsprüfer (B).

Christian Schöck
LEHRGANG DER DEUTSCHEN STENOGRAPHIE. Nach der Urkunde vom 30. Jan. 1936. Teil 1: VERKEHRSSCHRIFT. 27., veränderte Auflage. (44 S. 8⁰) Vergriffen.

Bruno Broecker
WIRTSCHAFTLICHE MITBESTIMMUNG DER BETRIEBSRÄTE? Eine Frage aus dem Bereich der Wirtschaftsdemokratie. Heft 2 der Reihe: Die Neue Gesellschaft. (95 S. 8⁰) Karton. DM 3.50.

Christian Schöck
ÜBUNGSBUCH DER DEUTSCHEN STENOGRAPHIE. Nach der Urkunde vom 1. Jan. 1936 und der Beispielsammlung zur Eilschrift vom 3. Aug. 1938 bearbeitet. Teil 3: EILSCHRIFT-EINFÜHRUNG. 19. Auflage. (40 S. 8⁰)
Am 1. März 1950 übergegangen in den Selbstverlag des Verfassers in Öhringen.

Christian Schöck
KÜRZEL-LISTE mit Kürzel-Verbindungen der Deutschen Kurzschrift. Nach der Urkunde vom 30. Jan. 1936 bearbeitet. 12. Auflage. (8 S. 8⁰)
Am 1. März 1950 übergegangen in den Selbstverlag des Verfassers in Öhringen.

BUCHFÜHRUNGSRICHTLINIEN UND KOSTENRECHNUNGSGRUNDSÄTZE. Heft 1 der Reihe: Materialiensammlung für Buchführung und Kostenrechnung. (32 S., 1 Falttafel, 8⁰) DM —.95.

KOSTENRECHNUNG UND PREISKALKULATION. Leitsätze für die Preisermittlung auf Grund der Selbstkosten bei Leistungen für öffentliche Auftraggeber (LSÖ) in der Fassung der Änderungs-VO. und Ergänzende Preisvorschriften. Heft 2 der Reihe: Materialiensammlung für Buchführung und Kostenrechnung. (36 S. 8⁰) DM —.95.

KOSTENRECHNUNG UND PREISKALKULATION. Kostenrechnungsrichtlinien Metallblock (KRRMe). Heft 3 der Reihe: Materialiensammlung für Buchführung und Kostenrechnung. (63 S. 8⁰) DM —.95.

Georg Obst
GELD-, BANK- UND BÖRSENWESEN. Eine gemeinverständliche Darstellung. 32. Auflage. 130.—134. Tausend. (XV, 553 S. 8⁰) Vergriffen.

Verlagssignet (seit August 1948)
Entwurf: Walter Brudi

Adler/Düring/Schmaltz
RECHNUNGSLEGUNG UND PRÜFUNG DER AKTIENGESELLSCHAFT. Handkommentar für die Bilanzierungs- und Prüfungspraxis nach dem Aktiengesetz unter Berücksichtigung der sonstigen handelsrechtlichen Vorschriften. 2. Auflage (VIII, 556 S. 8°) Gebunden DM 28.50.

1949

DIE WIRTSCHAFTSPRÜFUNG. Betriebswirtschaftliches Archiv und Fachorgan für das wirtschaftliche Prüfungs- und Treuhandwesen. Mitteilungsblatt der prüfenden sowie der wirtschafts- und steuerberatenden Berufe. Herausgeber: Institut der Wirtschaftsprüfer, Verantwortlich: Dr. Fritz Möhle als Vorsitzender. Ab Nummer 10: Herausgegeben vom Institut der Wirtschaftsprüfer, Hauptschriftleiter: Dr. Franz Merkle in Stuttgart. Jahrgang 2: 1949/12 monatlich erschienene Nummern. (XVI, 588 S. gr. 4°)

Auf dem Umschlag der Zusatz: Zeitschrift für Betriebs- und Finanzwirtschaft.

GEBRAUCHSFORMULARE für die Betriebspraxis der Textilindustrie (REFA): Aufnahmebogen (Bestellnummer T 001), Auswertungsbogen (Bestellnummer T 002). Je DM —.20.

O. Englert
ERLÄUTERUNGEN ZU DEN BEOBACHTUNGSBOGEN FÜR MENGEN- UND EINZELANFERTIGUNG, Verlustzeit-Aufnahme- und -Auswertungsbogen,

sowie Schwierigkeitsbewertung der Arbeit nebst 9 Gebrauchsunterlagen (REFA). Heft 2 der Reihe: Beiträge zu den Arbeits- und Zeitstudien. (39 S., 9. Beil. 8⁰) Karton. DM 3.—

Christian Schöck
LEHRGANG DER DEUTSCHEN STENOGRAPHIE. Nach der Urkunde vom 30. Januar 1936. Teil 1. VERKEHRSSCHRIFT. 28. Auflage. (44 S. 8⁰)
Am 1. März 1950 übergegangen in den Selbstverlag des Verfassers in Öhringen.

PROBLEME DER DM-ERÖFFNUNGSBILANZ. Herausgegeben vom Institut der Wirtschaftsprüfer. Beiheft 2 zur Zeitschrift „Die Wirtschaftsprüfung". (108 S. 8⁰) Vergriffen.

Christian Schöck
LEHRGANG DER DEUTSCHEN STENOGRAPHIE. Nach der Urkunde vom 30. Januar 1936 bearbeitet. Teil 2: FORTBILDUNGSBUCH (Verkehrsschrift-Praxis). 13., umgearbeitete Auflage. (36 S. 8⁰)
Am 1. März 1950 übergegangen an den Selbstverlag des Verfassers in Öhringen.

A. Bauer und A. Brengel
RICHTLINIEN UND ANWEISUNG ZUR DURCHFÜHRUNG DER ARBEITSBEWERTUNG IN DER PRAXIS. Arbeitsunterlagen zur Durchführung von Betriebsuntersuchungen und REFA-Kursen. Sonderdruck zu der Reihe: Beiträge zu den Arbeits- und Zeitstudien. (20 S. gr. 4⁰) DM 1.20.

FACHGUTACHTEN DES INSTITUTS DER WIRTSCHAFTSPRÜFER. Herausgegeben vom Hauptfachausschuß. Überarbeitet von Walther Düring, Kurt Schmaltz und Alfred Weiß. Beiheft 1 zur Zeitschrift „Die Wirtschaftsprüfung". (96 S. 8⁰) Vergriffen.

GRÖSSERE WIRTSCHAFTLICHKEIT DURCH GEORDNETES RECHNUNGSWESEN UND BETRIEBSUNTERSUCHUNGEN. Einführung und Anregungen. «RKW-Broschüre 101.» Herausgegeben vom Kuratorium für Wirtschaftlichkeit, Berlin. 3. [richtig: 4.] Auflage. (96 S., 5 Falttafeln, 8⁰) Vergriffen.

RICHTLINIEN FÜR DIE VEREINFACHTE BETRIEBLICHE VERWALTUNGSARBEIT. Wegweiser für sparsame Betriebsorganisation. Mit einem Anhang: Grundsätze für Buchhaltungsrichtlinien und Allgemeine Grundsätze der Kostenrechnung. Herausgegeben vom Verein zur Förderung der Wirtschaftlichkeit in Bayern (VFW), bearbeitet von einem betriebswirtschaftlichen Arbeitskreis. (64 S., 1 Falttafel, 8°) Karton. DM 4.80.

Guido Fischer
ALLGEMEINE BETRIEBSWIRTSCHAFTSLEHRE.
Eine Einführung. 5., unveränderte Auflage. (XV, 359 S. 8°) Karton. DM 7.20.

Bruno Lehmann
PRAXIS DER KOSTENRECHNUNG unter Berücksichtigung der Kostenrechnungsrichtlinien. (XVI, 144 S., 2 Falttafeln 8°) Karton. DM 13.80.

Guido Fischer
MENSCH UND ARBEIT IM BETRIEB. Ein Beitrag zur sozialen Betriebsgestaltung. 2., erweiterte Auflage. (194 S. 8°) Karton. DM 8.75.

Georg Rost
GROSSHANDLUNG. 11. Auflage, 40. Tsd. Heft 2 der Reihe: Sammlung von Buchhaltungslehrgängen in Belegen. (16 S. gr. 8°) Karton. DM 2.15.

Robert Stotz
WERKSTATTRECHNEN. Lehrbuch für die Ausbildung in der Vorstufe zum Ausbildungsgang der Arbeits- und Zeitstudienleute (REFA). Wiederholungsbuch für den Gebrauch in REFA-Vorkursen in Berufs- und Fachschulen und zum Selbstunterricht. 11., verbesserte und erweiterte Auflage. (144 S. 8°) Karton. DM 4.90.

Horst Kliemann
DER GERECHTE LADENPREIS. Überlegungen zur Berechnung des Ladenpreises im Buchhandel. 2., neubearbeitete Auflage. (48 S. 8°) Karton. DM 3.20.

OFFINGERS TECHNOLOGISCHES TASCHEN-
WÖRTERBUCH in drei Sprachen. Neu bearbeitet von
H. Krenkel. Band 1: DEUTSCH-ENGLISCH-FRAN-
ZÖSISCH. 12., veränderte und verbesserte Auflage.
(328 S. kl. 8°) Halbleinen DM 9.75.
Die Bände 2 und 3 (Englisch-Französisch-Deutsch und Französisch-Deutsch-Englisch) befinden sich in Vorbereitung.

D-MARKBILANZGESETZ. Gesetz über die Eröffnungs-
bilanz in Deutscher Mark und die Kapitalsneufestsetzung,
unter Berücksichtigung der bis zum 15. Juli 1949 er-
lassenen handels- und steuerrechtlichen Vorschriften.
Textausgabe mit kurzer Einleitung von Karl Schmölder,
Ernst Geßler und Franz Merkle. (88 S. 8°) — Dasselbe
2. Auflage. Endgültig genehmigte Fassung. (88 S. 8°)

E. Reiber
LEHR- UND GEBRAUCHSUNTERLAGEN FÜR
WIRTSCHAFTLICHES RUNDSCHLEIFEN (REFA).
Heft 6 der Reihe: Beiträge zu den Arbeits- und Zeit-
studien. (27 Unterlagen auf 27 Blättern, gr. 4°) In Mappe
DM 7.50.

E. Würth
KOSTENRECHNUNG UND KOSTEN-
ÜBERWACHUNG. Auszug aus den Vorträgen über be-
triebliches Rechnungswesen im Rahmen der REFA-Lehr-
gänge. (3. Auflage.) Heft 3 der Reihe: Beiträge zu den
Arbeits- und Zeitstudien. (39 S., 1 Tafel 8°) Karton.
DM 2.80.

Alfred Weiß
DIE RECHNUNGSLEGUNGSVORSCHRIFTEN DES
COMPANIES ACT 1948. Ein Beitrag zur Aktienrechts-
reform. Sonderdruck aus der Zeitschrift „Die Wirtschaftsprüfung". (32 S. gr. 4°) DM 3.—

Paul Jaeger
DIE REGISTRATUR und anderes Wissenswertes aus
dem Gebiet der Büro-Organisation. Erfahrungen und Be-
obachtungen eines alten Praktikers. 3., verbesserte Auflage. (102 S. mit 10 Abb. 8°) Karton. DM 3.90.

AKTUELLE BILANZ- UND STEUERPROBLEME. Vorträge und Ergebnisse der Heidelberger Fachtagung des Instituts der Wirtschaftsprüfer vom 15.—17. Juni 1949. Beiheft 3 zur Zeitschrift „Die Wirtschaftsprüfung". (175 S. 8⁰) Karton. DM 7.80.

J. Schiffer und Theodor Baldus
TABELLEN zur Errechnung von Werten, kalkulatorischen Abschreibungen und Mietpreisen für das Anlagevermögen. Beiheft 4 zur Zeitschrift „Die Wirtschaftsprüfung". (46 S. 8⁰) Vergriffen.

1950

DIE WIRTSCHAFTSPRÜFUNG. Betriebswirtschaftliches Archiv und Fachorgan für das wirtschaftliche Prüfungs- und Treuhandwesen. Mitteilungsblatt der prüfenden sowie der wirtschafts- und steuerberatenden Berufe. Herausgegeben vom Institut der Wirtschaftsprüfer. Hauptschriftleiter: Dr. Franz Merkle in Stuttgart. Jahrgang 3: 1950/12 monatlich erschienene Nummern. (XIV, 576 S. gr. 4⁰)
Auf dem Umschlag der Zusatz: Zeitschrift für Betriebs- und Finanzwirtschaft.

Karl Schmölder, Ernst Geßler, Franz Merkle
D-MARK-BILANZGESETZ. Kommentar mit einer allgemeinen Einführung und einem Anhang mit allen einschlägigen Gesetzen und Durchführungsverordnungen. (XV, 527, 221 S. 8⁰) Vergriffen.

Horst Müller
STANDARD- UND PLANKOSTENRECHNUNG im betrieblichen Rechnungswesen. (144 S. 8⁰) Karton. DM 8.80.

Sir Stanley Unwin
DAS WAHRE GESICHT DES VERLAGSBUCHHANDELS. «The truth about publishing.» Einzig autorisierte Übertragung der 5. englischen Auflage (1947) von Fritz Schnabel. 2. deutsche Auflage. Mit einem bibliographischen Anhang von Horst Kliemann. (XV, 324 S. 8⁰) Leinen. DM 19.50.

Friedrich Lenz
MEINUNGSFORSCHUNG IN DEUTSCHLAND. Eine kurze Darstellung von Ergebnissen, Methoden und Erkenntniswert wissenschaftlicher Erforschung der öffentlichen Meinung. Herausgegeben durch die EMNID / Institut für Marktforschung und Marktbeobachtung in Bielefeld. (52 S. gr. 8°) Karton. DM 3.80.

Fritz Möhle
DIE PERSONENGESELLSCHAFT / OHG - KG - stG. Systematischer Kommentar für das Vertragsrecht und die Gestaltung von Gesellschaftsverträgen. (408 S. 8°) Gebunden DM 22.50.

Adolf Rettenmaier und Arnold Vatter
WARENKUNDE mit Einschluß der Technologie. 4., neubearbeitete Auflage. (XI, 398 S. mit 150 Abb. 8°) Karton. DM 9.50; Halbleinen DM 11.80.

Karl Schmölder, Ernst Geßler, Franz Merkle
STEUERLICHE RICHTLINIEN ZUM D-MARK-BILANZGESETZ — DMBR —. Mit Erläuterungen. (47 S. 8°) — Dasselbe 2. Aufl. (47 S. 8°) Karton. DM 2.80.

Das neue Haus: Kernerstr. 43 — Einzug: 13-15.November 1950

Horst Kliemann
DIE WERBUNG FÜRS BUCH. Unter Mitarbeit von Jakob Bauer, Bruno Betcke, Helmuth Bücking, Ludwig Delp, Franz Ehrenwirth, Max B. Gruenwald, Fritz Hodeige, Hans Köster, Friedrich Reinecke, Bernhard Wendt. 4., neubearbeitete Auflage mit zahlreichen Abbildungen und Tabellen. (IX, 384 S. 8°) Leinen. DM 24.50.

1951

DIE WIRTSCHAFTSPRÜFUNG. Betriebswirtschaftliches Archiv und Fachorgan für das wirtschaftliche Prüfungs- und Treuhandwesen. Mitteilungsblatt der prüfenden sowie der wirtschafts- und steuerberatenden Berufe. Herausgegeben vom Institut der Wirtschaftsprüfer, Hauptschriftleiter: Dr. Franz Merkle in Stuttgart. Jahrgang 4: 1951/24 halbmonatlich erschienene Nummern. (XV, 576 S. gr. 4°)

Auf dem Umschlag der Zusatz: Zeitschrift für Betriebs- und Finanzwirtschaft (Nr 1—6) resp. Der Berater der Wirtschaft (ab Nr 7).

Rudolf Wipper
REVISIONSTECHNIK UND BUCHFÜHRUNGSVERFAHREN. Umfang und Inhalt der formellen Prüfungstechnik bei verschiedenen Buchführungsverfahren unter besonderer Berücksichtigung der modernen Durchschreibeverfahren. 3., überarbeitete Auflage. (VIII, 110 S. gr. 8°) Halbleinen DM 8.50.

Max Rudolf Lehmann
INDUSTRIEKALKULATION. 4., erweiterte Auflage. (XII, 336 S. gr. 8°) Leinen DM 19.50.

Albert Schnettler
DER BETRIEBSVERGLEICH. Grundlagen, Technik und Anwendung zwischenbetrieblicher Vergleiche. 2., völlig neu bearbeitete Auflage. (X, 372 S. gr. 8°) Leinen DM 19.50.

Anton Beck
LEITFADEN FÜR DEN SPINNEREIPRAKTIKER. Praktische Winke für die Baumwoll- und Zellwollspinnerei. Mit 42 Abbildungen. 3., durchgesehene Auflage. (142 S. gr. 8°) Karton. DM 9.—, Halbleinen DM 12.—

Karl Schmölder, Ernst Geßler, Franz Merkle
D-MARKBILANZ-ERGÄNZUNGSGESETZ. Kommentar und „Steuerliche Richtlinien" mit Erläuterungen; DMBG mit eingearbeiteten Änderungen, Ergänzungs- und Übergangsvorschriften; DMBG für Westberlin mit Kennzeichnung der abweichenden Bestimmungen; sowie ein Anhang mit allen wichtigen Durchführungsverordnungen, Richtlinien und sonstigen einschlägigen Materialien. (XV, 271, 117 S. 8⁰) Leinen DM 19.50.

Obst-Hintner
GELD-, BANK- UND BÖRSENWESEN. Eine gemeinverständliche Darstellung. Begründet von Georg Obst (†), fortgeführt von Otto Hintner. 33., völlig neubearbeitete Auflage, 135./143. Tausend. Jubiläumsausgabe. (XVI, 637 S., 6 S. Abb. gr. 8⁰) Leinen DM 1950.

Erhard Müller
EINKOMMENSBESTEUERUNG DER BUCHFÜHRENDEN LAND- UND FORSTWIRTE UND DER GARTENBAUBETRIEBE SEIT DER WÄHRUNGSREFORM unter Berücksichtigung des DMBG, des DMBEG und der Koppelung mit der Vermögenssteuer. (112 S. 8⁰) Karton. DM 4.80.

Franz Merkle
PRODUKTIVITÄT UND RENTABILITÄT. 2. Aufl. (VIII, 168 S. gr. 8⁰) Halbleinen DM 9.50.

Fritz Nordsieck
DIE SCHAUBILDLICHE ERFASSUNG UND UNTERSUCHUNG DER BETRIEBSORGANISATION. Mit 115 Schaubildern und Darstellungen 4., unveränderte Auflage. (XII, 158 S. gr. 4⁰) Halbleinen DM 22.—

Arnold Vatter
SPINNSTOFFKUNDE. Die Rohstoffe, ihre Verarbeitung und Ausrüstung. 6., wesentlich erweiterte Auflage mit 203 zum größten Teil neuen Abbildungen und 6 Stoffmustern. (381 S. gr. 8⁰) Karton. DM 26.—, Leinen DM 28.50.

Horst Kliemann
ARBEITSHILFEN FÜR BUCHHÄNDLER. Tabellen und Faustzahlen. Band 1 der Reihe: Aus der Werkstatt des Buches. (63 S. 8°) Karton. DM 5.90.

H. F. J. Kropff
NEUE PSYCHOLOGIE IN DER NEUEN WERBUNG. Methodische Grundlagen für ihre praktische Anwendung. Völlig neu bearbeitete Auflage. (XII, 367 S. mit 51 Abb. gr. 8°) Leinen DM 28.50.

Karl Ludwig
RECHTSKUNDE FÜR BUCHHÄNDLER. Heft 2 der Reihe: Aus der Werkstatt des Buches. (111 S. 8°) Karton. DM 7.90.

1952

DIE WIRTSCHAFTSPRÜFUNG. Betriebswirtschaftliches Archiv und Fachorgan für das wirtschaftliche Prüfungs- und Treuhandwesen. Mitteilungsblatt der prüfenden sowie der wirtschafts- und steuerberatenden Berufe. Herausgegeben v. Institut der Wirtschaftsprüfer. Hauptschriftleiter: Dr. Franz Merkle in Stuttgart. Jahrgang 5: 1952 / 24 halbmonatlich erscheinende Nummern. (gr. 4°)
Auf dem Umschlag der Zusatz: Der Berater der Wirtschaft.

Otto Bredt
WAS VERBLEIBT DEM UNTERNEHMEN VOM GEWINN? Sonderdruck aus der Zeitschrift „Die Wirtschaftsprüfung". 13./15. Tausend. 32 S. 8°) Karton. DM 1.90.

In Vorbereitung

Werner Oeser
PRÜFGERÄTE FÜR DIE TEXTILINDUSTRIE. 2., wesentliche erweiterte Auflage mit 152 Abbildungen. (VIII, 272 S. 8°) Leinen ca. DM 1950

Karl Beisel
NEUZEITLICHES INDUSTRIELLES RECHNUNGSWESEN. 4., überarbeitete u. ergänzte Auflage. (ca. XII, 232 S. mit vielen Tabellen, Diagrammen u. Abbildungen, gr. 8°)

Fritz Wall
GRUNDSÄTZLICHE ERWÄGUNGEN ZUR HANDELS- UND STEUERBILANZ. (ca. 160 S. mit 13 Abbildungen und 4 Anlagen, gr. 8°)

ZEITVORGABEN BEIM SCHABEN VON HAND (REFA). Heft 5 der Reihe: Beiträge zu den Arbeits- und Zeitstudien. (32 S. mit 17 Bildern und 8 Zahlentafeln, 8°)

Walter Brudi
SCHRIFTSCHREIBEN UND SCHRIFTZEICHNEN. (32 S. 2°)

Anhang

VERSUCH EINES SYSTEMATISCHEN VERZEICHNISSES
der wichtigsten Veröffentlichungen

1902 — 1952

1. Betriebswirtschaftliche Sammelwerke und Handbücher

Betriebswirtschaftl. Abhandlungen. 1925 ff.
Handwörterbuch der Betriebswirtschaft (HWB) Nicklisch
  1. Aufl. 5 Bde. 1926/29; 2. Aufl. 2 Bde. 1935 (2500 S.)
Das Buch des Kaufmanns. Sammelwerk mit 30 Mitarbeitern.
  1. Aufl. 1904; 7. Aufl. 2 Bde. 1928 (1590 S.)   Obst
Die Betriebswirtschaft. (Begründet 1908 als: Zeitschrift
  f. Handelswissenschaft u. Handelspraxis) Nicklisch/Obst
Die Wirtschaftsprüfung. Begründet 1948.   IdW/Merkle

2. Grundsätzliches und Allgemeines zur Betriebswirtschaft

Die Betriebswirtschaft.
  1. Aufl. 1912 als „Allgem. kaufmänn. Privatwirtschaftslehre"; 5. u. 6. Aufl. „Wirtschaftliche Betriebslehre";
  7. Aufl. 1929/32 (774 S.)   Nicklisch
Grundfragen der Betriebswirtschaft.
  6 Vorträge. 1928 (70 S.)   Nicklisch
Vom Studium der Betriebswirtschaftslehre.
  1. Aufl. 1921; 2. Aufl. 1925 (16 S.)   Nicklisch
Die Lenkung der Wirtschaft.
  1935 (47 S.)   Nicklisch
Neue deutsche Wirtschaftsführung.
  1933 (94 S.)   Nicklisch
Der Erkenntnisgegenstand der Betriebswirtschaftslehre.
  1936 (205 S.)   Schönpflug
Das Methodenproblem in der Einzelwirtschaftslehre.
  1933 (447 S.)   Schönpflug
Produktivität und Rentabilität.
  1951 (176 S.)   Merkle

Allgem. Betriebswirtschaftslehre der kaufmännischen Unternehmung
   1926; 2. Aufl. 1940 (162 S.)   Rost
Allgem. Betriebswirtschaftslehre.   G. Fischer
   1947; Neudruck 1949 (376 S.)
Wirtschaftsankurbelung und Absatzsicherung.
   1932 (65 S.)   M. R. Lehmann
Die notleidende Unternehmung
   Bd I 1930 (183 S.)   Fleege-Althoff
Die Sicherung der Unternehmung.
   1935 (137 S.)   Fr. Gronau
Der Zins im Wirtschaftsbetrieb.
   1939 (150 S.)   Schnettler
Qualität und Betrieb
   1928 (165 S.)   Lisowsky
Internationale Kartelle und Konzerne.
   1930 (257 S.)   Ertel
Das neue Aktienrecht.
   1937 (186 S.)   Erweit. Buchausgabe
      v. Jg XXX, H. 4/5 der „Betriebswirtschaft"

2a. Geschichte der Betriebswirtschaftslehre

Abhandlung über die Buchhaltung (1494).
   Aus d. Ital. übers. u. eingel. v. Penndorf.
   1933 (173 S.)   Pacioli
Grundriß eines vollständigen Kaufmanns-Systems (1768).
   Faks.-Druck, eingel. v. Seyffert. 1932 (451 S.). Ludovici
System des Handels (1804).
   Faks.-Druck, eingel. v. Seyffert. 1933 (661 S.)   Leuchs
Geschichte der Betriebswirtschaft und Betriebswirtschaftslehre.
   1935 (395 S.)   Löffelholz

2b. Lebensbeschreibungen von Wirtschaftsführern

Mein Kampf um den Erfolg.
   1928 (220 S.)   Firestone
F. B. Gilbreth.
   1927 (99 S.)   Witte
F. W. Taylor.
   1928 (110 S.)   Witte

3. Finanzierungsfragen

Effekten als Kapitalbeschaffungsmittel.
1928 (251 S.) Theisinger
Die betriebswirtschaftliche Theorie des Bezugsrechts.
1927 (85 S.) Sommerfeld
Finanzierung mit Fremdkapital.
1930 (146 S.) Sandig
Das Fremdkapital der deutschen Großbanken.
1932 (126 S.) Bersuch
Fusion von Aktiengesellschaften.
1928 (138 S.) Fix
Die GmbH.
1931 (107 S.) Dreher
Die Personengesellschaft/OHG - KG - stG.
1950 (408 S.) Möhle

4. Organisation und Organisationstechnik einschl. Arbeitsorganisation

Die schaubildliche Erfassung und Untersuchung der Betriebsorganisation.
1. Aufl. 1931; 4. Aufl. 1951 (170 S.). Nordsieck
Betriebsverwaltung.
1934 (157 S.) Thoms
Arbeitsgestaltung im Büro.
1931 (244 S.) Prelinger
Mensch und Arbeit im Betrieb.
1949 (194 S.) G. Fischer
Die Praxis des Einkaufs im Industriebetrieb.
1931 (120 S.) Bucka
Die Registratur und anderes Wissenswertes aus dem Gebiet der Büroorganisation.
1. Aufl. 1937; 3. Aufl. 1949 (102 S.) Jaeger
Theorie der Lohnstruktur.
1928 (117 S.) Kosiol
Die Arbeitsleistung vor und nach dem Kriege.
1925 (143 S.) Henzel
Richtlinien für vereinfachte betriebliche Verwaltungsarbeit.
1949 (64 S.) VFW

5. Vertrieb, Marktanalyse, Werbewesen

Marktanalyse und Marktbeobachtung.
  1933 (190 S.)   Vershofen — E. Schäfer — Wagenführ — L. Erhard

Absatzforschung und Absatzpraxis in Deutschland.
  1937 (142 S.)   RKW/NF 2

Industrielle Vertriebskosten
  1938 (142 S., Anhang)   RKW 601

Bedarfsforschung
  1934 (191 S.)   Sandig

Der Absatz elektrotechnischer Erzeugnisse in Ostpreußen.
  1935 (105 S.)   Beck

Allgemeine Werbelehre.
  1929 (743 S.)   Seyffert

Wirtschaftliche Werbekunde.
  1929 (160 S.)   Schlieper

Psychologie in der Reklame.
  1934. — Neuausgabe 1951 als: Neue Psychologie in der neuen Werbung. (379 S.)   Kropff

Psychologie der Reklame.
  1. Aufl. 1921; 2. Aufl. 1926 (364 S.)   Hartungen

Psychologie der Werbung.
  1927 (139 S.)   Marbe

Einzelwerbung im Handwerk
  1931 (136 S.)   Sieber

Die Mode als betriebswirtschaftliches Problem.
  1930 (109 S.)   Schiermeyer

Schriftschreiben und Schriftzeichnen.
  1952 (32 S.)   Brudi

Meinungsforschung in Deutschland.
  1950 (52 S.)   Lenz

6. Rechnungswesen

a) Buchhaltung

Bankbuchhaltung.
  1925 (327 S.)   Obst

Hotelbuchhaltung.
  1925 (62 S.)   Stehle

Einheitsbuchführung für Bausparkassen und Zweckspar-

unternehmungen.
   1933 (45 S.)   Möhle
Aufwands- und Kassenrechnung in der Buchführung des privaten Haushalts.
   1933 (94 S.)   Ruberg
Größere Wirtschaftlichkeit durch geordnetes Rechnungswesen.
   1948; Neudruck voraussichtlich 1952.   RKW 101

b) Moderne Buchführungstechnik.

Grundriß der maschinellen Buchhaltung.
   1. Aufl. 1927; 2. Aufl. 1930 (188 S.)   Prelinger
Analyse der Wirtschaftlichkeit des Hollerith-Lochkarten-Systems.
   1933 (284 S.)   Eichenauer
Das Lochkartenverfahren.
   1930 (157 S.)   Schad
Standard- und Plankostenrechnung.
   1949 (144 S.)   H. Müller

c) Bilanz und Bilanzanalyse.

Formblätter für den Jahresabschluß.
   1933; Neuauflage voraussichtlich 1952.   Schmaltz
Betriebsanalyse.
   1929 (263 S.)   Schmaltz
Bilanz- und Betriebsanalyse in Amerika.
   1927 (295 S.)   Schmaltz
Die Bilanzdelikte und ihre Bekämpfung.
   1922 (133 S.)   Thiess
Der Status der Unternehmung.
   1930 (135 S.)   Fluch
Aktivierungsrecht und Aktivierungspflicht in der Handels- und Steuerbilanz.
   1936 (53 S.)   M. Schäfer
Die Bewertung beim Jahresabschluß industrieller Unternehmungen.
   1937 (222 S.)   Krüger
Fachgutachten des Instituts der Wirtschaftsprüfer.
   1948; 2. Auflage voraussichtlich 1952.

Kommentar zum DMBG u. DMBEG.
 1950/51 (763, 403 S.) Schmölder - Geßler - Merkle
Grundsätzliche Erwägungen zur Handels- und
Steuerbilanz.
 1952 (ca. 160 S.) Wall

d) Kurzfristige Erfolgsrechnung.

Die Kapital- und Erfolgsrechnung als Grundlage der
Wirtschaftlichkeitsmessung.
 1929 (177 S.) Hertlein
Die kurzfristige Abrechnung.
 1930 (144 S.) G. Fischer
Die kurzfristige Erfolgskontrolle im Einzelhandelsbetrieb.
 1931 (154 S.) Ruberg
Was verbleibt dem Unternehmen vom Gewinn?
 1952 (32 S.) Bredt

e) Kostenfragen, Kalkulation und Statistik.

Kostenrechnung und Leistungssteigerung.
 1936 (155 S.) O. Schroeder
Optimalkalkulation.
 1933 (95 S.) Auler
Kalkulation und Kostengestaltung im Warenhandel.
 2 Bände. 1931/32 (183, 221 S.) Kosiol
Der Wochenlohn als industrieller Kostenfaktor.
 1936 (78 S.) Flegler
Industriekalkulation.
 1925; 4. Aufl. 1951 (348 S.) M. R. Lehmann
Neuzeitliches industrielles Rechnungswesen.
 4. Aufl. 1952 (ca. 240 S.) Beisel
Unkosten / Lohn / Material im Fabrikbetrieb.
 1927/29 (114, 133, 130 S.) Rahm

f) Revisionswesen.

Handbuch für das Revisions- und Treuhandwesen.
 1930 (509 S.) Voß
Die Buchprüfung im kaufmännischen Betrieb.
 1936 (136 S.) Fluch

Revisionstechnik und Buchführungsverfahren.
 1935; 3. Aufl. 1951 (118 S.) Wipper
Fehlermöglichkeiten und Prüfungsnotwendigkeiten bei den wesentlichen Systemen der Hand-Durchschreibebuchhaltungen.
 1939 (72 S.) Schulze zur Wiesch
Rechnungslegung und Prüfung der Aktiengesellschaft. Handkommentar.
 1938; 2. Aufl. 1948 (560 S.) Adler - Düring - Schmaltz
Die Abwicklungseröffnungs- und Abwicklungsjahresbilanzen der Aktiengesellschaft.
 1940 (92 S.) Adler

g) Betriebswirtschaftliche Steuerlehre.

Die steuerliche Belastung von Personal- und Kapitalgesellschaften.
 1937 (49 S.) C. Fischer
Fachgutachten des Instituts der Wirtschaftsprüfer.
 1948; 2. Auflage voraussichtlich 1952
Kommentar zum DMBG u. DMBEG
 1950/51 (763, 403 S.) Schmölder - Geßler - Merkle
Grundsätzliche Erwägungen zur Handels- und Steuerbilanz.
 1952 (ca. 160 S.) Wall

h) Betriebsvergleich.

Grundlagen des Betriebsvergleichs.
 1932 (160 S.) Weigmann
Der Betriebsvergleich.
 1932; 2. Auflage 1951 (382 S.) Schnettler

7. Bankorganisation, Kredit- u. Zahlungsverkehr

a) Bankbetrieb und Bankorganisation.

Das Bankgeschäft. 2 Bände.
 1914; 9. Aufl. 1938 (1378 S.) Obst
Geld-, Bank- und Börsenwesen.
 1951; 145. Tausend. 1951 (654 S.) Obst
Die Kontrolle im Bankbetrieb.
 1926 (348 S.) Linhardt

Bankbuchhaltung.
1925 (327 S. u. 2 Tabellen)   Obst
Bürgerliches Recht für Bankkaufleute.
1921; 4. Aufl. voraussichtlich 1952.   Hepp
Die Funktionen und der Wertumlauf der Banken.
1938 (157 S.)   Seischab
Strukturverschiebungen im deutschen Bankwesen.
1937 (174 S.)   Peckolt
Das französische Bankwesen.
1931 (132 S.)   Schaum
Japanisches Bankwesen.
1925 (59 S.)   Kushimoto
Konjunkturbewegungen 1914—1925 im deutschen
privaten Kreditbankgewerbe.
1925 (102 S.)   Dietzel
Die bankmäßige Betätigung der Sparkassen.
1926 (51 S.)   Nissen
Die Entwicklung und Organisation des kommunalen
Bankwesens in Deutschland.
1926 (103 S.)   Hartmann
Die Banken der Beamten, Arbeiter und Angestellten in
Deutschland.
1932 (120 S.)   Schötz
Investment Trusts.
1931 (237 S.)   Seischab

b) Kredit-, Zahlungs- und Kapitalverkehr.

Der Verkehr mit der Bank.
1935 (170 S.)   Obst
Wechsel- und Scheckkunde.
1900; 12. Auflage 1937. (172 S.)   Obst
Organisation und Technik des bankmäßigen
Kontokorrentgeschäfts.
1933 (113 S.)   Kalveram
Der Bankkredit und seine Sicherungen.
1918; 7. Auflage voraussichtlich 1952.   Kaeferlein
Die betriebswirtschaftliche Theorie des Bezugsrechts.
1927 (85 S.)   Sommerfeld
Der Effekten-Lieferungsverkehr und das Effekten-
Giro-Depot.
1926. (110 S.)   Lemaitre

Liquidation und Prolongation im Effektenhandel.
1912; 2. Auflage 1923. (290 S.) Schmidt
Die englisch-amerikanischen Geldmarktbeziehungen.
1936 (193 S.) Hohlfeld

8. Einzelhandel - Betriebsorganisation

Bibliographie des Einzelhandels 1883—1933.
1935 (422 S.) Seyffert
Der Warenhausbegriff.
1936 (31 S.) Buddeberg
Theorie der branchemäßigen Gliederung des Warenhandels.
1932 (146 S.) Nix
Kalkulation und Kostengestaltung im Warenhandel. 2 Bd.
1931/1932 (183, 221 S.) Kosiol
Die kurzfristige Erfolgskontrolle im Einzelhandelsbetrieb.
1931 (154 S.) Ruberg
Der chemisch-pharmazeutische Markenartikel.
1933 (104 S.) Bergler
Das Etagengeschäft.
1933 (137 S.) Tafelmayer
Das Massenfilialsystem.
1931 (212 S.) Ehrlicher
Die Probleme des gemeinschaftlichen Einkaufs.
1930 (273 S.) Meier
Berichte über Lage und Leistungen im Handel mit Textilwaren und Bekleidung bis 1937.
1938 (106 S.) RKW Nr. 703
Die Berufstätigkeit der Frau im Einzelhandel.
1935 (125 S.) Haug
Die schulmäßigen Ausbildungsmöglichkeiten für den Einzelhandel.
1930 (252 S.) Eckardt - Naupert - Preiß - Stark - Schröer
Unterrichtsstoff und Lehrpläne für Einzelhandelsschulen.
1930 (72 S.) Eckardt
Das Kölner Einzelhandelsinstitut 1928—1938.
1939 (149 S.) Seyffert
Die Beziehungen zwischen Betrieb und Haushalt des mittelständischen Einzelhändlers.
1939 (101 S.) Kienzerle

Die Entwicklung und Struktur des deutschen
Tabakwareneinzelhandels.
1940 (216 S.) Weyer
Einzelhandel und Berufsschule.
1939 (110 S.) Schlieper

9. Import und Export

Handbuch der Exportpraxis.
1931 (367 S.) Schück
Finanzprobleme im Außenhandel.
1931 (152 S.) Schuster

10. Warenkunde

Warenkunde.
1931; 5. ergänzte Auflage 1952. (410 S.)
(Meierhofer -) Rettenmaier - Vatter

11. Betriebswirtschaft einzelner Geschäftszweige der Industrie und des Handels

Das Baumwolltermingeschäft.
1936 (236 S.) Braun
Spinnstoffkunde.
1930; 6. Auflage 1951. (382 S.) Vatter
Leitfaden für den Spinnereipraktiker.
1947; 3. Auflage 1951. (142 S.) Beck
Textilprüfgeräte.
2. Auflage 1952 (272 S.) Oeser
Einheitsbuchführung für Bausparkassen und Zwecksparunternehmungen.
1933 (45 S.) Möhle
Der chemisch-pharmazeutische Markenartikel.
1933 (104 S.) Bergler
Organisation und Technik der Hotelbuchhaltung.
1925 (62 S.) Stehle
Beförderungsunternehmungen zur See.
1933 (244 S.) Reuther
Grundbegriffe des Zeitungswesens.
1933 (190 S.) Traub
System der Preispolitik im Zeitungsgewerbe.
1932 (148 S.) Uhlig

Das deutsche Zigarrengewerbe.
1932 (211 S.) Witteler
Zuckerindustrie und Zuckerhandel in Deutschland.
1933 (270 S.) Sewering

12. *Wirtschaftslehre des Handwerks*

Die wirtschaftliche Gemeinschaftsarbeit im Handwerk.
1933 (126 S.) Droescher
Die Materialbeschaffung des Handwerks unter dem Einfluß der Kartelle.
1934 (104 S.). Russell
Die Finanzierung des Handwerksbetriebes.
1936 (101 S.) Brenke
Das deutsche Verdingungswesen.
1936 (136 S.) Kirsch
Die verschiedenen Betriebsgrößen im Malerhandwerk und ihr Einfluß auf Kalkulation und Preispolitik.
1932 (122 S.) E. Gronau
Stand und Bedeutung der Handwerksbündebewegung.
1932 (180 S.) Bock
Die Finanzwirtschaft der Handwerkskammern.
1931 (86 S.) Pfrenger
Die Entwicklung des deutschen Schlosserhandwerks.
1938 (155 S.) Gude
Die ständische Form der Handwerkererziehung.
1938 (72 S.) Magdeburg
Studien zum Handwerkerrecht des ausgehenden 17. Jhdts.
1939 (126 S.) v. Weichs
Aufgabe, Entwicklung, Art und Wandlung der Handwerksförderung.
1940 (89 S.) Beckmann

13. *Buchgewerbliche Fachbücher*

Der Buchhandel der Welt.
1935 (280 S.) Druckenmüller
Die Werbung fürs Buch.
1923; 4. Auflage 1950. (393 S.) Kliemann
Die Herstellung von Büchern und Zeitschriften.
1930 (389 S., Anhang) Schröder

Das wahre Gesicht des Verlagsbuchhandels.
1927; 2. Auflage 1950. (340 S.) Unwin
Der deutsche Zeitschriftenbuchhandel.
1934 (94 S.) Niewöhner
Der Konzentrationsprozeß im deutschen Kommissions-
buchhandel.
1935 (75 S.) Niewöhner
Der gerechte Ladenpreis.
1940; 2. Auflage 1949. (48 S.) Kliemann
Der deutsche Bücherpreis.
1935 (60 S.) v. Cornides
Die Zeitschrift.
1928 (141 S.) Menz
Werkstatt des Buches. Eine Schriftenreihe.
1951 ff. Kliemann - Hodeige

14. Lehrbücher für das Berufs- und Fachschulwesen und zum Selbstunterricht

Die betriebliche Ausbildung des Verkaufspersonals
im Einzelhandel.
1933 (213 S.) Schröer
Problematik und Systematik des kaufmännischen
Schulunterrichts.
1925 (101 S.) Schleef
Allgem. Betriebswirtschaftslehre der kaufmännischen
Unternehmung.
1926; 2. Auflage 1940. (162 S.) Rost
Lehrbuch des kaufmännischen Schriftverkehrs mit
Vertragskunde.
1930; 7. Auflage 1944. (213 S.) v. d. Aa-Schirmer
Buchhaltungslehrgänge in Belegen. 1922 ff.
Auflagenhöhe teilweise bis 40 Tsd. Gerwig - Rost
Doppelte Buchhaltung.
1937; 2. Auflage 1939 (122 S.) Keim - Hözl
Aufgabensammlung für das kaufmänn. Rechnen.
1926 ff. Schulze - Becher
Wirtschaftliche Werbekunde.
1929 (160 S.) Schlieper
Verkaufslehre in 3 Teilen.
1930 (98, 111 115 S.) Bayer - Maul

15. Sprachen-Wörterbuch

Kaufmännisches Taschenwörterbuch in fünf Sprachen.
 1929 (257 S.)　　　　　　　　　　　　Le Bourgeois
Technologisches Taschenwörterbuch in fünf Sprachen.
 1889 ff.
 Einzelne Bände in 8. bis 12. Auflage.　　　　Offinger

ZUM INHALT

Von den beiden Vorträgen von Carl Ernst Poeschel, aus denen der Abschnitt „Buchdruck in Deutschland" (S. 7-20) zusammengestellt wurde, erschien der eine unter dem Titel „Deutscher Buchdruck gestern - heute - morgen" 1927 im Verlag der Gutenberg-Gesellschaft in Mainz, der zweite als Teil einer kleinen Schrift „Unsere Gutenbergringträger Klingspor, Poeschel, Dorfner" 1941 als Druck der Meisterschule für das graphische Gewerbe in Leipzig.

„Carl Ernst Poeschel als Verleger" (S. 21-27) von Prof. Dr. Georg Obst wurde der „Festschrift zum 60. Geburtstag von Carl Ernst Poeschel" (1934) entnommen.

Den „Rechenschaftsbericht und Dank" (S. 28-42), sowie den „Versuch eines Systematischen Verzeichnisses" (S. 58 - 70) stellte Prof. Dr. Kurt Schmaltz, Heidelberg, den eine vieljährige enge Vertrautheit als Autor und Berater mit dem Verlag und mit Dr. Druckenmüller verbindet, für diese kleine Festschrift zur Verfügung.

Das alte Verlagssignet (S. 27) wurde bis 1944 benutzt, das neue (S. 48) wird seit dem Sommer 1948 in mancherlei Abwandlung verwendet.

Das Foto von Carl Ernst Poeschel (S. 17) verdanken wir seiner Schwester, Fräulein Josefine Poeschel in Leipzig. Das Foto von Dr. Druckenmüller (S. 41) gibt ein Gemälde des Stuttgarter Malers Schober aus dem Jahre 1941 wieder.

Die Zusammenstellung und Bearbeitung dieser kleinen Festschrift besorgte Ernst Metelmann.